JN410122

성전 수리공

국제PEN한국본부 창립70주년기념 산문선집 03

전경애 단편소설집

International PEN—Korea Center pen

교음사

국제PEN헌장

국제PEN은 국제PEN대회 결의에 따라 다음과 같이 헌장을 선포한다.

1. 문학은 각 민족과 국가 단위로 이루어지나, 그 자체는 국경을 초월하여 그 어떤 상황 변화 속에서도 국가 간의 상호 교류를 유지해야 한다.
2. 예술 작품은 인간의 보편성에 바탕을 두고 길이 전승되는 재산이므로 국가적 또는 정치적 권력으로부터 간섭을 받아서는 안 된다.
3. 국제PEN은 인류 공영을 위해 최대한의 영향력을 발휘해야 하며 종족, 계급 그리고 민족 간의 갈등을 타파하는 동시에 전 세계 인류가 평화롭게 살아갈 수 있다는 이상을 실현하기 위하여 최선을 다해야 한다.
4. 국제PEN은 한 국가 안에서나 또는 세계 여러 나라에서 사상의 교류가 상호 방해 받지 않는다는 원칙을 준수하며, PEN 회원들은 각자 국가나 지역사회에서 어떤 형태로든 표현의 자유를 억압하는 데 반대할 것을 선언한다. 또한, PEN은 출판 및 언론의 자유를 주창하며 평화시의 부당한 검열을 거부한다. 아울러 PEN은 정치와 경제의 올바른 질서를 지향하기 위해 정부, 행정기관, 제도권에 대한 자유로운 비판이 필수적이고 긴요하다는 사실을 확신한다. 이와 함께 PEN 회원들은 출판 및 언론 자유의 오용을 배격하며, 특정 정치 세력이나 개인의 부당한 목적을 위해 사실을 왜곡하는 언론 자유의 해악을 경계한다.

   이러한 목적에 동의하는 모든 자격 있는 작가들, 편집자들, 번역가들은 그들의 국적, 언어, 종족, 피부 색깔 또는 종교에 관계없이 어느 누구라도 PEN 회원이 될 수 있다.

국제PEN한국본부 연혁

국제PEN본부는 1921년에 창립되어 2022년 3월 현재 145개국 154개 센터가 회원으로 가입돼 있는 세계적인 문학단체이다. 국제PEN본부는 영국 런던에 본부를 두고 있으며 특히 UN 인권위원회와 유네스코 자문기구로 현재 전 세계 문인, 번역가, 편집인, 언론인들의 표현의 자유를 옹호하고 인권 문제를 다루고 있는 단체이다.

한국PEN은 1954년 9월 15일 변영로·주요섭·모윤숙·이헌구·김광섭·이무영·백철 선생 등이 발기하여 같은 해 10월 23일 당시 서울 소공동 소재 서울대학교 치과대학 강당에서 창립총회를 열고 국제펜클럽한국본부로 공식 출범하였다. 국제펜클럽한국본부는 그 이듬해인 1955년 6월 비엔나에서 열린 제27차 세계대회에서 정식회원국으로 가입하고 그해 7월에 인준을 받아 오늘에 이르렀으며 2022년 3월 현재 회원 수는 4,000여 명이다.

사)국제PEN한국본부(International PEN Korea Center)는 역사와 권위를 자랑하는 국제적 문학단체로서 회원들의 양심과 소신에 따른 저항권과 표현의 자유를 옹호하고 구속 작가들의 인권문제를 다루며 한국의 우수 문학작품을 번역, 세계 각국에 널리 알리고 우리 민족의 고유문화와 전통문화 등을 해외에 소개하는 한편 세계 각국과 문화 교류 및 친선을 도모하는 데 주도적 역할을 담당하고 있다

1954. 10. 23.	국제펜클럽한국본부 창립
1955.	제27차 국제PEN비엔나대회에서 회원국 가입 『The Korean PEN』 영문판 및 불어판 창간
1958.	국내 최초 번역문학상 제정
1964.	PEN 아시아 작가기금 지급(1970년 제6차까지)
1970.	제37차 국제PEN서울대회 개최(60개국 참가)
1975.	『PEN뉴스』 창간. 이후 『PEN문학』으로 제호 변경
1978.	한국PEN문학상 제정
1988.	제52차 국제PEN서울대회 개최
1994.	제1회 국제문학심포지엄 개최
1996.	영문계간지 『KOREAN LITERATURE TODAY』 창간
2001.	전국 각 시도 및 미주 등에 지역위원회 설치
2012. 9.	제78차 국제PEN경주대회 개최
2015. 9.	제1회 세계한글작가대회 개최
2016. 9.	제2회 세계한글작가대회 개최
2017. 9.	제3회 세계한글작가대회 개최
2018. 11. 6~9.	제4회 세계한글작가대회 개최
2018. 8. 22.	정관개정에 의해 국제PEN한국본부로 개명
2019. 2.	PEN번역원 창립
2019. 11. 12~15.	제5회 세계한글작가대회 개최
2020. 10. 20~22.	제6회 세계한글작가대회 개최
2021. 11. 2~4.	제7회 세계한글작가대회 개최
2022. 11. 1~4.	제8회 세계한글작가대회 개최

국제PEN한국본부 창립 70주년 기념 선집을 발간하며

국제PEN한국본부는 1954년에 창립되고 이듬해인 1955년 6월 오스트리아의 빈에서 열린 제27차 국제PEN세계대회에서 회원국으로 가입되었다. 초대 이사장은 변영로 선생이 맡고 창립을 주선했던 모윤숙 시인이 부이사장을 맡았다. 이하윤, 김광섭, 피천득, 이한구 등과 함께 창립의 중심 역할을 했던 주요섭이 사무국장을 맡았다.

6·25한국전쟁이 휴전된 지 겨우 1년이 되는 시점에 이루어 낸 국제PEN한국본부의 창립은 매우 깊은 의미를 담는 거사였다. 그동안 국제PEN한국본부는 세 차례의 국제PEN대회와 8회의 세계한글작가대회를 개최하며 수많은 국내외 행사를 주최해 왔다. 이에 내년 2024년에는 창립 70주년을 맞이하게 되어 그 기념사업의 일환으로 PEN 회원들의 작품 선집을 발간하기로 하였다.

여러 가지 기념사업을 진행하지만 회원들의 주옥같은 작품집을 선집으로 집대성하여 남기는 일은 가장 중요하고 의미 있는 일이라 생각한다.

시와 산문으로 구성되는 선집은 우리 한국 문학사의 중요한 족적을 남기는 귀중한 역사 자료로서의 가치를 갖게 되리라고 믿으며 겸허한 마음으로 70주년을 자축하는 주요 사업으로 진행하게 된다.

참여해 주신 회원들께 감사하며 어려운 여건 속에서도 기꺼이 출판을 맡아 준 기획출판 오름의 김태웅 대표와 도서출판 교음사의 강병욱 대표에게 심심한 감사를 드린다.

2023년 3월

국제PEN한국본부 이사장 김용재

책을 내며

숨은 보석을 찾는 문학여정

어린 시절부터 책은 내게 빛과 소금의 역할을 했고, 꿈과 희망이었으며 스승이었다.

한국전쟁 직후 어려운 시기에 용기와 비전으로 국제PEN한국본부를 창립하신 선배 문인들과, 세계 속의 한국펜을 이끌고 계신 김용재 이사장님의 노고에 고개 숙여 감사를 드린다.

졸업 후 신문사 기자생활을 하면서 나는 쏟아지는 뉴스의 홍수 속에서 왠지 모를 갈증에 시달리며 틈틈이 영문소설, 외국 신문이나 잡지에 실린 기사나 평론 등을 번역하곤 했다. 그러다 『춤』을 주제로 한 소설로 등단해 문단에 첫발을 들여놓았다.

어느 해, 나는 미국 조그만 도서관에서 우연히 한국전쟁 기록을 발견했다. 그 후 주로 평화를 주제로 한 소설과 글을 다년간 써서 한국과 미국에서 출판하였다. 세월이 흘러감에 따라 나의 문학 여정은 폭을 넓혀 나갔다. 이번에 출판된 책의 내용은 매우 다양하다.

「성전수리공」은 한국전쟁 중 숭고한 적십자 인도주의 정신을 구현한 스웨덴 의료진을 주제로 했고, 「민화방 블루스」는 현대인의 한과 소망을 그렸다. 또 고려 충신 도원수 안우 장군, 발레리

나의 변신, 국밥집 할머니, 조선선비와 나폴레옹의 운명적 만남, 마지막 「조선왕조실록」을 구해 낸 안의, 의암 손병희 선생의 청년시절, 장진호, 흥남철수 때 1만 4천 명의 생명을 구한 빅토리호의 라루 선장과 기적의 김치아기들 등이 이 책의 주인공이요 배경이다. 이들은 꿈과 이상, 휴머니즘, 그리고 이 땅의 평화와 번영을 위해 노력한 보석 같은 사람들이다.

그동안 인도, 필리핀, 영국, 스웨덴 등에서 열린 국제PEN총회에 참가해 외국 작가들과 교류를 하며, 이들의 세계 평화에 대한 염원과 한국펜 회원들을 향한 존경과 뜨거운 관심을 확인할 수 있었던 것은 큰 보람이었다.

이 소설집의 근간이 된 소중한 자료를 제공하고 도와주신 모든 분들에게 깊이 감사드린다. 이번 국제PEN한국본부 창립70주년 기념선집 발간사업에 동참하게 되어 기쁘게 생각한다. 세계 속에 빛나는 한국펜을 이끌고 계신 이사장단과 임원진들에게도 감사드리고, 교음사 강병욱 대표와 편집진의 노고에도 고마움을 전한다.

2023년 6월

저자 **전 경 애**

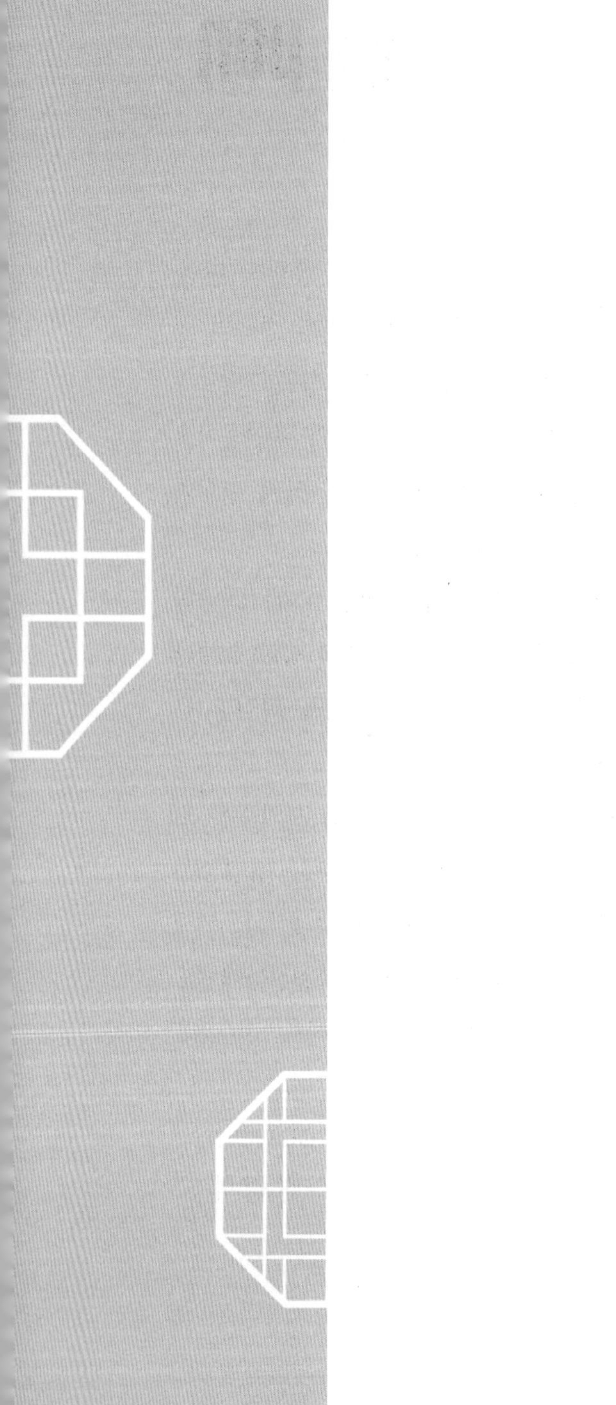

차례

민화방 블루스

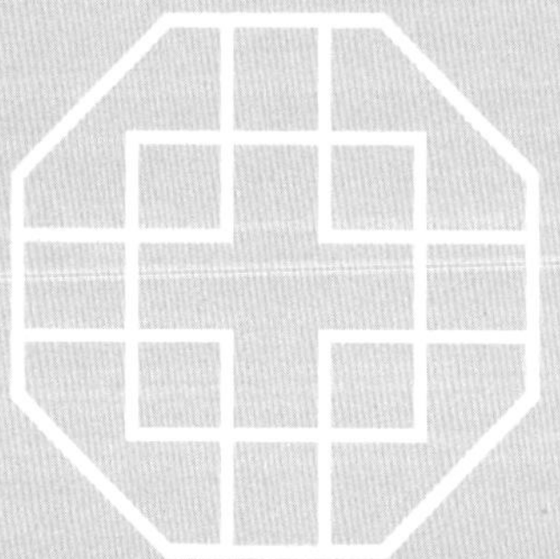

'민화는 채색화다. 우리 민화는 민족의 역사와 함께 시작하고 존재해 왔다. 예로부터 우리의 민화 화가들도 고흐나 모네처럼 꽃을 즐겨 그렸다…'

화평당은 적어 나갔다. 곧 오픈할 외국인 반에서 가르칠 강의 원고였다.

인사동 거리를 내다보니 흐릿하고 비가 올 듯한 날씨에 사람들이 종종걸음을 치고 있었다. 가끔씩 그녀의 민화 교실 쪽을 쳐다보는 사람들도 있었으나 금세 밀려오는 인파에 휩쓸려 사라져 버렸다. 코로나가 물러나기 시작해 실외에서는 노마스크였으나 아직 실내는 식사할 때 이외에는 마스크를 써야 했다.

다년간 민화 강사로 일하던 화평당의 화실은 인사동 한 귀퉁이 오래된 2층 건물 안쪽에 위치하고 있었다. 그런데 요즈음 K-문화를 찾아 한국을 찾아온 외국인들이 한국의 고유한 민화를 배우겠다고 자주 문의해 와 외국인반을 따로 편성해야 했다.

화실에는 수강생들이 띄엄띄엄 앉아 각자의 그림에 몰두하고 있었다. 낮시간은 대부분이 여자였다. 화평당은 화실을 한 바퀴 돌아보기 시작했다. 화실을 돌며 그들의 그림을 살펴 주고, 고쳐 주고, 채색한 물감을 엷게 번지게 하는 바림 등 한국 민화만이 갖는 독특한 화법을 가르쳐 주었다.

첫 번째 책상에는 장생도를 그리는 여자가 앉아 있었다.

그녀의 장생도 속에는 기암절벽과 해, 달, 구름, 폭포와 소나무를 배경으로 학과 거북이, 사슴의 무리 등이 떼 지어 노닐며 불로장생의 유토피아를 펼쳐 나가고 있었다.

조금 거리를 두고 앉은 여인은 궁중모란꽃을 그리고 있었다. 부귀영화의 상징인 붉은 모란이 활짝 핀 황제의 정원은 황홀 그 자체였다. 그녀는 8폭 병풍을 만들겠다고 다짐했었다.

그다음 사람은 은은한 컬러의 연꽃을 그리고 있었다.

연꽃은 군자의 덕이나 자손의 번창 등을 의미한다. 연밥이 구멍마다 까만 씨를 터질 듯이 품고 있었다.

문 쪽에 돌아앉아 그림을 그리는 좀 젊어 보이는 여인은 오색찬란한 꽃과 나비를 그리고 있었다.

“꽃과 나비는 남녀의 사랑과 행복한 가정을 염원하는 대표적 민화입니다.”

화평당은 화실을 돌며 회원들에게 그림들의 의미를 상기시켜 주었다. 수강생들은 일주일에 하루씩 편리한 시간에 와서 2시간가량 그림을 그리다 갔다. 이번 가을에는 대부분 수강생들이 회원으로 몸담아 있는 K—민화협회에서 주최하는 현대민화전이 계획되어 있어 모두 참가작 준비에 분주했다.

핸드폰이 요란하게 울렸다. K—민화협회 총무로부터였다.

“원장님, 이번 출품작품의 그림풍은 자유입니다. 전위적인 미디어나 실크스크린, 흙판 등 소재도 자유입니다. 코로나 팬데믹

시대의 일상을 그린 작품도 환영이라고 합니다. 자세한 내용은 이메일로 보냈습니다."

민화계에도 새로운 바람이 불고 있었다. 가장 한국적인 그림인 민화를 활성화하여 세계화하려는 기획들이 여기저기서 진행되고 있었다.

"하하하, 자유! 그러니까 최대한 상상력을 발휘해 보라는 것이지요?"

"네, 그렇습니다! 이번 가을전시회에서 한국민화의 특징을 살린 세계적인 작품들이 쏟아지기를 기대하고 있겠습니다!"

총무의 힘찬 목소리를 듣자 화평당도 덩달아 기운이 솟구쳐 올랐다.

화평당은 계속 화실을 돌며 회원들에게 새롭고 개성이 넘치는 색채를 민화에 담아낼 것을 주문하고 제자리로 돌아갔다. 민화방은 창작에 열중한 회원들의 숨소리만이 들릴 뿐 깊은 침묵 속에 가라앉았다.

"아휴…, 산다는 게 도대체 뭔지…."

별안간 누군가가 불쑥 침묵을 깼다.

채색에 열중하고 있던 회원들이 슬며시 고개를 들고 소리 나는 쪽을 바라보았다. 닭을 그리고 있던 여자의 입에서 흘러나온 탄식이었다. 그녀는 빨간 벼슬에 금빛 찬란한 크고 작은 닭을 열 마리째 그리고 있었다.

"사실, 난 햇빛 쏟아지는 넓은 마당 있는 집에서 이렇게 멋진

닭들을 기르며 살고 싶은데… 그런데, 난 평생을 좁은 아파트 속에서만 살았어요. 이제 나이가 드니 해 뜨는 것도 보고, 달 뜨는 것도 보고… 하늘이 있는 세상에 살고 싶어요.”

“아니, 이 좋은 서울 한복판에서 닭타령이라니요?”

마주 앉았던 여자가 고개를 들며 말했다.

“사실 난 어릴 때 시골에서 자랐답니다. 나이가 들어서 그런지 요즘은 새벽마다 횃대에 올라가 힘차게 울던 닭 소리가 그렇게 그리울 수가 없어요, 그런데 남편이 도시형이라 반대를 하지요.”

여자는 의기소침하여 고개를 숙였다. 여자가 그리는 금빛 닭들은 모두가 태양을 향해 머리를 쳐들고 ‘꼬끼오!’를 우렁차게 외치며 의기양양 자태를 뽐내고 있었다.

화평당은 그녀의 닭 그림을 보며 말했다.

“좋습니다. 닭은 옛날부터 광명의 상징으로서, 오덕(五德)을 갖춘 동물이라고 여겨왔어요. 위풍당당한 벼슬은 머리에 쓰는 관으로 문(文)을, 날카로운 발톱은 무(武)를 상징하고, 싸움에 물러서지 않는 용(勇), 먹이를 찾으면 서로 부르는 의(義), 암흑에서 광명을 부르는 신(信)을 갖춘 동물이지요.”

“요즘은 시골 가도 닭 소리 듣기 힘들어요.”

누군가가 빈정거리는 투로 말했다.

다시 자리로 돌아온 화평당은 지구촌 온갖 나라에서 몰려온 외국 관광객들로 가득 찬 인사동 거리를 내다보았다. 사실 그녀는 이번 전시회에 어떤 그림을 출품할지 아직 결정을 하지 못했다. 그녀 책상에는 PC만이 덩그러니 놓여 있었다.

'인사동 참 많이 변했구나.'

그녀는 인사동의 변화를 온몸으로 체험한 세대였다.

그녀는 고등학교를 졸업한 19세부터 줄곧 민화를 그려 왔다. 베끼는 그림이라면서 민화를 그림으로 취급하지 않던 때부터 그녀는 유독 채색화인 민화를 좋아했다. 그림에 재주가 있다는 말을 들어온 그녀는 처음에는 변두리 조그만 화방에서 일거리를 얻었다. 아파트 붐이 일자 새 아파트에 걸 주문 그림도 많았다. 또 회사들이 해외로 진출하면서 해외 바이어에게 줄 선물로 민화를 선호하기 시작했다. 주문이 들어오면 손가락이 닳아서 피가 날 정도로 밤을 새워 그려 납품 일자를 지켰다. 특히 외국 사람들이 호랑이 그림을 좋아해 호작도만 해도 수백 장을 그렸다.

그림을 그리면서 그녀는 민화방, 박물관, 미술관 등에서 민화를 가르쳤다. 그리고 '화평당'이라는 이름으로 나름대로의 명성을 쌓았다. 그녀는 차기 K—민화협회 회장으로 거론되고 있었다.

얼마 전에는 인스타그램을 통하여 일본에서 민화를 배우고 싶다며 일본인이 연락해 왔었다.

"저는 이번 휴가에 한국에 가서 한국의 민화를 배우고 싶습니다."

그 일본인과는 구글 번역앱 덕분에 별문제 없이 소통할 수 있었다. 화평당은 내친김에 외국인 민화교실을 열기로 했다. 문제는 영어였다. 통역사를 쓰면 통역비도 만만치 않을 것이었다.

그런데 뜻이 있는 곳에 길이 있었다.

민화방 수강생 중 한 사람, 권이라는 여성분이 있었다. 평생 미국에서 교직에 있다 나이가 들어 다시 한국 국적을 회복했다는 그녀는 화평당을 위해서 번역과 통역을 해 주고 일주일에 한 시간씩 생활영어도 가르쳐 주겠다고 나섰다.

"원장님, 이번 기회에 영어를 배우세요. 어차피 영어는 이제 세계 언어가 되었습니다."

그녀는 평생을 외국에서 살았는데도 한국말이 유연했으며 그녀의 입에서 흘러나오는 한국말은 음악과도 같아 듣기가 좋았다. 미국 고등학교에서 평생을 수학을 가르치다 나이가 들어 다시 한국으로 돌아온 권 선생은 민화에 흠뻑 빠져 있었다. 권 선생은 민화를 배워 뉴욕에 사는 아들네에 가서 손자손녀들에게 가르쳐 줄 생각이라고 했다.

"외국에 사는 한국인들은 한 가지씩 한국적인 예술을 배우는 것이 좋겠더라구요. 불행히도 저는 배울 기회가 없었어요. 이제라도 민화를 열심히 배워 미국에 있는 우리 손주들에게 가르칠까 합니다."

권 선생은 민화교실에 등록을 하며 화평당에게 이렇게 말했었다.

"K—문화 영향은 가히 폭발적이어서, 외국 젊은이들이 한국말로 떼창을 부르고 외국 청소년들 사이에서도 한국말 따라 하기, 한국문화 배우기 붐이 일어났어요."

권 선생이 외국인반 개설을 망설이는 화평당에게 자랑스럽게 말했었다.

모란이 가득한 황제의 정원을 그리던 여자가 문득 입을 열었다.

그녀는 일전에 꿈꾸는 듯한 보라색을 좋아한다고 말하기도 했었다. 아파트 벽지도 보라, 커튼도 연보라색, 오늘 입고 있는 옷도 보라색 원피스였다. 또 그녀가 그린 황제의 정원 뒤로 보랏빛 궁전이 우뚝 서 있었다.

"저는 바닷가 언덕에 작은 카페를 운영하고 싶어요. 그래서 바리스타 교육도 받았지요."

그러자 조금 떨어져 앉았던 다른 여자가 고개를 들고 입을 열었다.

"커피숍이요?"

"네에, 제 카페에서는 세상에서 제일 맛있는 커피를 만들어 팔고 싶어요."

그녀는 미국과 이태리, 남미 브라질 등 그녀가 커피에 관심을 가지며 돌아다녀 본 온갖 유명 카페들에 대해 이야기를 한바탕 쏟아냈다. 그리고 그녀는 빵 만드는 법도 배워서 카페 한쪽에는 베이커리를 차리고 싶다고도 했다.

"내 카페에 온 여자들이 마음껏 수다를 떨다가 저녁시간이 되어 가족을 위해 갓 구운 빵을 사 들고 집으로 향하는 모습을 보고 싶어요. 세계에서 제일 맛있는 커피와 빵을 파는 그런 카페를 차리는 것이 제 꿈이에요."

그러자 사람들이 한마디씩 거들었다.

“그 빵틀이 쇳덩어리여서 보통 무거운 게 아니래요. 그래서 베이커리의 제빵사는 다 남자예요, 중노동이죠. 체력이 좋아야 한다구요.”

“빵 만들기도 힘들고 보통 신경 쓰이는 것이 아니라고 해요. 시간을 놓치면 다 타버려 아깝지만 다 버려야 해요. 맛 관리도 힘들어 아무나 못 한답니다.”

“아유, 커피도, 빵도 사 먹는 게 제일 팔자 편한 거라구요.”

그러자 벽 쪽을 향한 테이블에서 고양이를 그리고 있던 여자가 돌아보며 입을 열었다.

“저는 강남에 조그만 상가가 하나 있어요. 거기 세 든 사람이 커피숍을 차려 장사를 하는데….”

“아니, 강남에, 상가?”

모두들 놀라 그녀를 바라보았다.

“요즘, 강남에 아파트 1채만 있어도 재벌인데!”

누군가가 한마디 했다. 최근 들어 놀랍도록 치솟은 강남아파트 값을 생각하면 이건 보통 일이 아니다.

“강남, 강남, 이름만 좋지요… 영끌해서 모은 유일한 재산인데, 코로나 이후로 상가에서 월세가 들어오지 않아요. 코로나 이후 3년간을 카페와 음식점에 영업시간을 제한하거나, 사회적 거리 지키기 등 제약이 많아지자… 강남도 장사가 안 되어 문을 닫는 상가가 속출했어요. 월세가 안 들어오니, 대출금도 갚을 수가 없고… 그렇다고 내쫓고 카페 문을 닫을 수도 없고, 코로나가 지나가기만을 학수고대하고 있어요…. 아이들 학원비도 내야 하는데….”

여자는 시무룩한 표정으로 한숨을 쉬며 그림 속의 고양이를 빤히 바라보았다. 고양이는 금세라도 밖으로 튀어나올 듯 몸을 잔뜩 웅크리고 있었다.

“이 또한 지나가리니… 기운 내세요.”

누군가가 그녀에게 위로의 말을 전했다. 그리고 ‘오빤 강남 스타일’을 흥얼거리며 어깨를 들썩거렸다. 그러자 몇몇 사람이 그 소리를 따라 그림을 그리다 말고 한바탕 싸이의 말춤을 흉내 내며 힘들어하는 그녀를 위로했다.

“자, 커피 마실 분 손 드세요!”

가운데 테이블에서 그림을 그리던 좀 젊어 보이는 여자가 벌떡 일어났다. 그녀는 민화방 한쪽에 생수와 컵, 커피가 차려진 테이블로 가서 물을 데우기 시작했다. 사람들이 나도, 나도, 하며 신청하는 바람에 그녀는 커피를 여러 컵에 타서 테이블마다 돌리기 시작했다. 모두 목이 마른 차에 반갑게 커피잔을 받아 들었다.

“저는 남대문시장에서 주방기구 도매점을 운영하고 있었지요.”

60을 갓 넘었을 것 같은 여인이 커피 한 모금을 마시자 입을 열었다. 화폭에 넓고 푸른 수박밭을 그리던 여자였는데 굵고 정감 있는 톤의 목소리를 지니고 있었다.

“남편은 공장을 가지고 있어 온갖 주방제품을 만들어 전국에

팔았지요. 우리 남편이 만든 제품은 최고로 좋은 재료를 써서 질도 좋아 불티난 듯 팔렸어요.”

그녀는 당시 성공과 부를 회상이라도 하는 듯 지그시 눈을 감았다.

“남대문시장! 외국인에게 남대문시장은 정말 매력적인 곳이에요. 와, 재벌 부럽지 않았겠네요!”

권 선생이 활짝 웃으며 말했다. 권 선생은 오색 가득한 한국 전통음식이 무지개처럼 쌓인 생일상을 민화로 그리고 있었다.

“그런데….”

그 60대 여자의 이야기는 계속되고 있었다.

“그런데?”

커피를 마시던 사람들은 일제히 호기심에 그녀를 바라보았다. 돈을 쓸어 담으며 잘 나가던 회사가 뭐가 잘못되었단 말인가? 모두들 궁금증을 참을 수가 없었다. 구수한 커피 향이 감도는 화실을 한 바퀴 휘돌아본 그녀는 목소리를 낮추어 말했다.

“그런데, 다른 회사들이 뛰어들기 시작하는 거예요. 우리 물건은 질도 좋고, 최고급 재료로 만들어 아무리 오래 써도 변함이 없는데, 다른 회사들이 값싼 재료로 대량생산을 하고, 값을 내리고, 텔레비전에 크게 광고를 치는 거예요!”

“세상에….”

사람들은 고개를 저었다.

“그런데, 사람들이 텔레비전에 나오는 그 값싼 제품을 사서 쓰기 시작하는 거예요. 남편과 나는 회사를 살리기 위해 엄청 노력을 했으나 결국 부도가 나 버렸지요!"

그녀는 격앙된 목소리로 말했다. 민화방을 한바탕 휘둘러보며 사람들의 동정에 찬 눈빛을 확인한 그녀는 중간쯤 완성된 수박밭 그림을 들여다보며 잠시 침묵하다 자조적인 소리로 말했다.

"우리 부부는 수십 억의 빚을 지고 십여 년을 뛰어야 했어요. 이제 거의 다 갚긴 했지만…."

"그랬군요, 쯧쯧쯧…."

사람들은 자기 일처럼 안타까워하며 혀를 찼다. 빗방울이 창가에 부딪혔다. 바람이 불어오며 오래된 건물의 낡은 창틀이 요란스레 삐걱거리는 소리를 냈다. 사람들은 일순간 표정이 어두워졌다. 모두 집에 갈 일이 걱정이었다.

"호호호호호."

이때 한 여자가 가늘게 웃음소리를 냈다. 꽃과 나비를 그리던 여자였다. 마지막 남은 커피를 마시며 나름대로의 상념에 젖어 있던 사람들은 고개를 들고 그녀를 바라보았다. 그녀가 높고 가느다란 소리로 말했다.

"그렇지만… 돈은 잃었지만 남편을 잃지는 않았군요."

그녀는 무슨 이야기를 하려는 것일까? 사람들은 침을 꿀꺽 삼켰다.

"우리 이웃집에 사는 부부는 함께 노력해서 큰돈을 벌었어요. 그런데 남편이 바람이 나서 집을 뛰쳐나간 거예요."

"어머나, 어쩌다 그런 일이?"

"그것 봐, 돈이 화근이라니까, 쯧쯧쯧…."

여기저기서 한 마디씩 터져 나왔다.

"호호호, 돈 있는 남자는 여자들이 가만두지를 않아요. 어떤 유흥업소에서 일하는 여자는 서너 명의 남자들을 한꺼번에 접근해서 데이트한다, 뭐한다 하면서 요일마다 바꿔서 집으로 데리고 간대요."

"저런, 남자 여럿이 한 여자 생활비를 대는구먼."

"그렇게 막살아서 되나, 절제해야지, 쯧쯧쯧."

"…그래서 그 이웃집 여자는, 매일 한숨과 눈물로 보내고 있어, 안쓰러워요."

그 여자가 말했다.

"아, 돈도 있으니, 다른 애인을 만들지 뭐!"

어디선가 재빨리 날아오던 말 한마디가 문득 꼬리를 감추었다. 잡담이지만 너무 멀리 나간 말이라 생각한 듯했다.

"그 여자는 가끔 비싼 외제차를 타고 백화점이나 명품점에 가서, 왕창 쇼핑하는 것이 낙이라고 하데요."

여인은 그 이웃집 여자에 대한 동정과 질투, 안타까움이 섞인 투로 말했다. 다시 그림의 마무리 작업에 들어간 회원들의 붓질은 더욱 빨라졌다. 창밖의 거세지는 빗줄기를 바라보며 슬슬 화구를 정리하는 사람도 있었다.

"에구우…."

잠시 이어지던 침묵을 깨고 한 여자가 큰소리를 내었다. 민화를 그린 지 꽤 오래된 회원이었다. 그녀는 이번 출품작으로 호랑이 3대를 그리고 있었다. 그녀는 호랑이는 상서로운 동물이라며 평생 호랑이만을 그리겠다고 선언까지 했었다. 모두 고개를 번쩍 들고 그녀를 바라보았다.

"에구, 옛날에는 조강지처는 절대 버리지 않았는데, 요즘 세상 살이가 더 힘들어졌어요. 티브이를 보면 조강지처는 늙어도 곳간 열쇠를 주렁주렁 허리에 차고 떵떵거렸다는데."

그녀가 도대체 무슨 소리를 하려는지 알 수 없어 모두 눈을 껌벅거리며 그녀를 바라보았다. 그러자 그녀는 자신감을 얻었는지 쨍하고 목소리를 높였다.

"옛날에는 조강지처 괄시하면 천벌 받는다며, 남편이 성공한 후에도 절대 조강지처는 내치지를 않았는데, 요즘은 다 늙어서도 얼굴에 분칠하고, 잠자리 날개 같은 잠옷 걸치고, 밤마다…."

'밤마다?'

"서방 비위 맞춰야 하니… 그러니 돈 좀 벌더라도, 서방 속옷은 누더기를 입혀서 내보내라잖아!"

사람들은 영문을 몰라 어리둥절하다 와 하고 웃음을 터트렸다. 뱃살을 움켜쥐고 웃기도 했다. 그녀 그림 속의 크고 파란 호랑이 3대의 눈이 형형하게 빛나고 있었다.

권 선생도 이번 가을전시회에 작품을 낼 생각이었다. 권 선생은 그녀가 미국에 있을 때 감명 깊게 본 '엘리자베스 영국 여왕의 한국방문기념'이라는 뉴스를 기억했다.

엘리자베스 2세 영국 여왕이 한영수교 50주년을 기념해 1999년 한국의 안동 하회마을을 방문했었다. 그곳에서 여왕의 73번째 생일잔치가 한국식으로 열렸었는데 그때 여왕이 받은 한식 생일상이 권 선생에겐 매우 인상적이었다. 여왕은 하회별신굿, 탈놀이 등을 구경하며 지역 주민들과 함께 박수를 치며 막걸리로 빚은 청주로 축배를 들었었다.

권 선생은 특별한 그 장면을 민화로 그려 출품할 생각이었다. 여러 그림들을 참고로 하여 한식 밥상의 밑그림을 완성했다. 그런데 막걸리로 빚은 청주의 호리병이 문제였다. 붓이 갈팡질팡이었다. 자꾸 덧칠을 하다 보니 엉망이 되어 버렸다.

"오 마이 갓, 막걸리 청주병 그리기가 너무 어렵습니다!"

권 선생은 붓을 내려놓으며 중얼거렸다. 오늘은 일단 여기까지 그릴 생각이었다.

"막걸리요? 막걸리는 우리 한국의 대표 술이지요."

"이제는 세계 속의 막걸리!"

몇몇이 동시에 소리를 질렀다. 사람들은 유독 막걸리란 말에 귀가 번쩍 띄는 모양이었다. 권 선생은 미소를 지었다. 그렇다. 막걸리는 이제 한국 사람뿐만 아니라 세계 사람들이 찾는 유명한 술이 되었다.

창밖을 보니 다행히 빗줄기가 약해지고 있었다. 미로같이 얽힌 먹자골목에서 옛날 유행가 소리가 흘러나왔다.

'천둥산 박달재를 울고 넘는 우리 님아…, 왕거미 집을 짓는 고개마다 굽이마다… 울었소, 소리쳤소, 이 가슴이 터지도록…'

화평당이 자리에서 일어나 오늘의 강의를 마무리하는 발언을 했다.

"민화는 기쁨입니다. 민화에는 사군자, 풍속화, 인물화, 기록화, 산수화 등이 있으며 금강산도, 관동팔경도, 해전도 등도 민화에 포함됩니다. 고구려 벽화의 수렵도, 공민왕의 천산대렵도, 충무공 해전도, 임진왜란 등의 전투도 등도 모두 민화에 속합니다. 민화는 우리 민족의 혼입니다. 우리 모두 민화를 더 아끼고 더 사랑합시다! 선생님들, 안녕히 가십시오."

미국에서 오래 살다 온 권 선생의 눈에는 역경을 이기고 민족의 얼인 민화를 지키고 가르치는 화평당이 마치 전선 12척으로 왜적을 물리친 이순신 장군이나 용맹스런 전사처럼 보였다.

오늘의 수업이 끝났다.

모두 붓을 빨고 화구를 정리하기 시작했다. 이때 재빨리 정리를 끝낸 한 회원이 부리나케 달려나가 근처 슈퍼에서 막걸리 두 병을 사왔다.

"와아! 막걸리닷!"

모두 환성을 질렀다. 민화방이 별안간 선술집으로 변한 느낌이었다. 그러자 또 다른 회원 하나가 후닥닥 뛰쳐나가더니 빈대떡과 김치, 치즈를 사 가지고 들어왔다. 더 이상 좋을 수가 없었다.

"집이 천 칸이라도 막걸리 한 잔보다 못하고, 땅이 만 평이라도 무병장수 막걸리 한 잔보다 못하다고들 하지 않는가…."

누가 먼저랄 것도 없이 조그만 종이잔에 막걸리를 부어 돌리기 시작했다.

"건배!"

권 선생은 기쁜 마음에 벌떡 일어나 막걸리잔을 높이 쳐들고 건배를 외쳤다. 민화를 매개로 만난 즐겁고 유쾌한 벗님네들. 출출하기도 했지만, 비 오는 날의 막걸리와 빈대떡은 큰 위안이 아닐 수 없었다.

"막걸리 한 잔 마시면 근심 걱정 사라지고, 염라대왕도 두렵지 않아…."

사람들은 다시 주저앉았다.

"옛날에 우리 고향 동네에 막걸리 양조장이 있었어."

제일 안쪽에 자리 잡고 앉아 그림을 그리던 연로한 회원이 막걸리를 홀짝거리다 카랑카랑한 목소리로 말했다. 80은 족히 넘어 보이는 그녀는 이 민화방의 최고 연장자로 민화방을 자기 집처럼 편하게 드나들고 있었다. 그녀가 올 때마다 화평당은 제일 안쪽의 넓고 편한 자리를 내주곤 했다.

"내가 열 살도 채 안 되었을 때였어. 6.25전쟁이 터지자, 그 집이 유엔군 전선 사령부가 되었지. 미국군, 영국군, 프랑스군 등 유엔군이 몰려왔지. 물론 한국군도 있었지."

뭔지 모를 애잔함이 그녀의 얼굴을 가득 채우고 있었다. 사람들의 시선이 일제히 그녀의 입으로 쏠렸다. 그러다 사람들은 깜짝 놀랐다. 그 여자가 별안간 고개를 숙이더니 훌쩍훌쩍 울기 시작한 것이었다.

"왜 그러세요?"

사람들은 술이 약한 그녀가 막걸리 한 잔에 취해버린 것이라 생각했다.

"그런데 인해전술로 내려온 중공군과 마주 싸워, 결국 유엔군이 이겼는데, 이쪽이나 저쪽이나… 애꿎은 젊은이들이 많이 죽어 나갔지."

사람들은 그제야 그 나이든 여인이 말하는 뜻을 알아차리고 고개를 끄덕였다. 어린 소녀였을 그녀는 파란 눈과 금발의 외국 청년들을 신기한 눈으로 바라보았을 것이다. 그 많은 젊은이들이 참혹한 전쟁 끝에 죽어 나갔을 것이고, 또 인해전술로 밀려 내려오던 중공군 죽음 역시 그 몇 배에 달했을 것이다. 꿈 많은 소녀 시절 그녀가 본 전쟁의 참혹함이 그만 막걸리 한 잔에 상처를 드러내고 만 것이다.

"여사님, 진정하세요. 막걸리 한 잔 더 드릴까요?"

권 선생이 막걸리병을 흔들며 다가갔다. 여인은 절레절레 고개를 저었다.

주위를 한 번 휘돌아본 여인은 눈물을 닦으며 입을 열었다.

"휴전 후, 우리 고향 동네에 조그만 승전기념관이 있어서 미국, 영국, 프랑스 등 외국 관광객들이 아들, 딸, 가족이라며 많이 찾아왔었어요. 그런데 한 번은 중국 관광객들이 찾아왔어요. 알고 보니 중공군의 후손이었어요. 지금은 다 돌아가셨지만, 동네 노인 몇이 그들을 만났는데… 그런데, 그 사람들이, 흐흐흐….”

“그 사람들이?”

사람들은 궁금증을 참지 못해 눈을 반짝이며 그녀를 주시했다.

“처음 만난 그 사람들이….”

눈물을 흘리던 그녀의 표정이 별안간 환하게 밝아지며 웃음이 터져 나왔다.

“막걸리를 함께 마셨어요.”

사람들은 눈이 휘둥그레졌다.

“뭐라구요?”

“서로 마주 앉아 막걸리잔을 기울이며, 전쟁의 참혹함을 이야기하고, 평화를 기원했대요.”

듣는 사람들 얼굴에 미소가 번져가고 있었다.

어느덧 비가 개고 붉은 석양이 인사동 거리를 물들이고 있었다. 화평당은 가을전시회 때 대형 비단 화폭에 아름다운 사람들의 아름다운 거리 풍경을 담아내리라 생각했다. 그리고 화평당은 원고 마지막을 채웠다.

‘고달픈 생활 속에서도 슬픔을 기쁨으로 승화하고, 익살스런 웃음을 찾아 살아온 한국인의 끈기와 낙천성은 한민족의 민족화인 민화에 녹아 있다. 메타버스 등 가상공간이 생활공간이 될 미래에도, 한층 더 자유로운 영혼으로, 지구촌 모두가 평화롭게 사는 세상을 그리는 것이 우리 민화인의 사명이다.’

모두 비 갠 인사동 거리 속으로 사라졌다.

익살스러운 민화 속 호랑이가 미소를 짓고 있었다.

성전 수리공

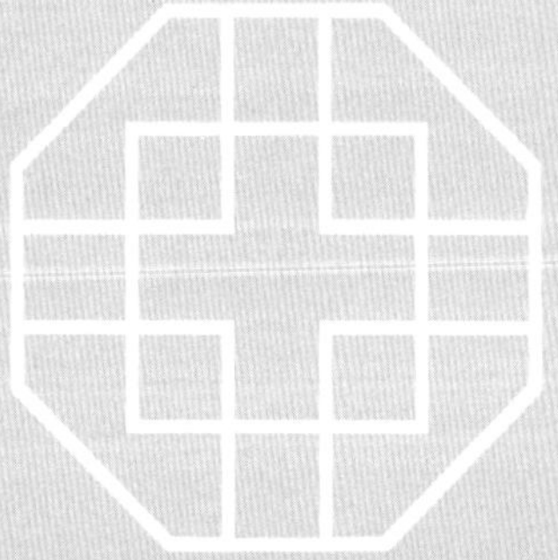

우뚝우뚝 솟은 고층 건물과 화려한 서울의 도심지.

한국은 세계 10대 경제강국, K—POP 문화의 성지, 전자정부 우등국가로 북풍한설을 이겨내고 환생하고 있었다. 스웨덴 의료진이 떠나간 후 무심한 세월 속에 꽃들은 피고 지기를 되풀이하고 있었다.

경준은 기분이 날아갈 듯 좋았다. 내일은 드디어 국제회관에서 사진전 오프닝이 있는 날이다. 97세 경준은 인사동 그의 화실에서 아득한 옛날 스웨덴에서 왔던 흰옷 입은 천사들을 생각하며 꽃을 그리기 시작했다.

1.

부산항은 연이어 도착하는 유엔군과 이를 맞이하는 인파로 북적이고 있었다. 오늘은 스웨덴의 의료지원부대가 도착하는 날이었다. 젊은 군의관 경준은 서둘러 부산항으로 나갔다.

스웨덴 의사 에릭 안데르손은 가까이 다가오는 한국의 부산항을 뱃전에 서서 바라보며 속으로 선서를 했다.

'나는 의사다. 한국은 전쟁으로 도움이 절실한 나라다. 나는 나를 필요로 하는 모든 사람들을 돕기 위해 이 땅을 찾아왔다. 신이여, 나를 도우소서!'

에릭을 위시한 의료진은 스웨덴에서도 명망이 높은 의사들이었고 간호사들도 풍부한 경험과 실력을 고루 갖추고 있었다.

스웨덴 의료진은 스웨덴을 떠난 지 한 달 만에 지구를 반 바퀴나 돌아 드디어 한국에 도착해 스웨덴 적십자병원으로 명명되어 부산 남쪽에 위치한 한 고등학교에 자리를 잡았다.

경준은 의료지원부대의 도착이 반갑기 짝이 없었다. 인천상륙작전과 낙동강 전선 반격작전 등에서 실려 오는 부상병들이 열악한 시설로 매일 죽어가고 있었다. 서울에서 의과대학을 갓 졸업한 경준은 건강이 나빠져서 휴양 차 경주의 고향 집에 있다가 6.25전쟁을 맞았다. 경준은 곧바로 부산으로 가서 입대하고 군의관이 되었다. 군의관 경준은 스웨덴 적십자병원 한국 의료진에 배속되어 유엔군과 국군, 의료지원부대 사이에서 통역과 업무연락 등을 담당하고 있었다.

푸른 눈의 스웨덴 의사와 간호사들은 부산에 도착한 지 이틀 만에 부상병을 치료하기 시작했다. 200개 병상 규모에 92명의 의료진, 76명의 행정직, 목사 한 명 등의 스웨덴인으로 구성되었고, 미군 삼십여 명이 지원되었다. 세탁, 음식 등을 도와줄 한국인도 이백여 명 있었다.

격전지에서 부상병 중 주로 팔, 다리가 잘리고 머리가 깨진 국군과 유엔군 중환자들이 붕대로 온몸을 감싸고 피를 흘리며 스웨덴 병원으로 이송되어 왔다.

경준의 고향집은 경주 서봉총 가까이 있었다. 하늘과 땅이 맞닿은 그곳에서 그는 할아버지로부터 동화 같은 스웨덴 황태자의 이야기를 들으며 자라났다.

'저 왕릉에서 서전국(스웨덴)의 황태자께서 찬란한 황금 금관을

발굴하셨다….'

경준의 할아버지는 장손인 그를 앞에 앉히고 스웨덴 황태자가 집 앞 서봉총에서 신라 금관을 발굴했다는 이야기를 귀에 딱지가 앉도록 되풀이하시곤 했다. 그래서인지 경준은 흰 가운을 입은 스웨덴 의료진이 낯설지 않고 고향 사람을 만난 듯 친근감마저 들었다.

"우리 스웨덴 적십자병원은 전선을 따라 북쪽으로 이동하기보다는 부산에 자리 잡고, 우리의 훌륭한 첨단의료시설로, 전쟁터에서 실려 오는 중상자들이나 부상병들을 치료하는 중요한 임무를 수행할 것입니다!"

병원장이 의료진에게 말했다. 그리고 병상의 규모를 계속 늘려갔다. 스웨덴 적십자병원에는 계속 부상병들이 트럭에 실려 이송되어 왔다. 국군과 전투경찰대, 미군, 영국군 등 한국과 유엔군 부상병들의 고통에 찬 신음 소리가 가득했다.

중견 의사 에릭을 위시하여 스웨덴 의료진은 헌신적으로 일을 해냈다. 눈이 마주칠 때도 그들은 환한 미소로 한국 의료진을 대했다. 그들은 스물네 시간 동안 피로 범벅이 된 가운을 벗을 새도 없었다.

자정이 지나서야 지친 몸으로 피투성이 가운을 벗은 에릭과 경준은 에릭의 방에 잠시 모여 커피를 마셨다. 커피타임이 되면 간호사 정화와 마리아도 함께 커피를 마시며 이야기를 나누었다. 마리아는 스물두 살로 스웨덴 의료진 중에 제일 어렸다.

정화는 고향이 함흥이었다. 아버지가 목사라 어릴 때부터 외국 선교사들로부터 영어를 배워 한국 간호사 중에서 영어를 제일 잘했다. 그래서 스웨덴 병원에 배치되었다. 크고 반짝이는 눈을 가진 정화는 경준보다 한 살 위였고 성격도 활발했다.

"스웨덴은 2차 대전 중에도 구호활동을 많이 했어요. 여기 온 스웨덴인 가운데도 부다페스트에서 많은 유대인의 생명을 구하거나, 또 독일 북쪽에 있는 포로수용소에 스웨덴 적십자 버스를 타고 가서 많은 유대인을 구한 분들도 있어요, 이들은 스웨덴에서 영웅으로 칭송 받기도 하지요."

에릭도 젊은 시절부터 구호활동을 한 이름 난 의사였다. 그는 한국에서 전쟁이 나자 자원해서 달려왔다고 했다.

"난 독신주의자도 아닌데 결혼할 겨를도 없이 청춘이 흘러가 버렸지요, 정치가는 전쟁을 일으켜 모든 것을 파괴하고, 우리 의사들은 다시 살려내고, 허허허."

에릭은 말하며 씁쓸하게 웃었다. 벌써 에릭의 나이 사십대 중반을 넘어가고 있었다.

하루는 커피타임에 에릭이 말했다.

"나는 어려서부터 한국에 대한 이야기를 듣고 자랐어요. 우리 스웨덴의 구스타프 6세 아돌프 국왕께서 황태자 시절, 경주의 한 고분에서 금관을 발굴한 적이 있는데, 그 찬란한 금관과 한국의 높은 문화에 대해 틈만 나면 말씀하셨지요."

금관 이야기가 나오자 경준은 큰 소리로 기뻐하며 말했다.

"제 고향집이 바로 그 금관이 나온 왕릉이 있는 동네입니다!"

에릭은 한국으로 출발하기 전 스웨덴 왕실 지인으로부터 한국의 금관에 대해 여러 가지 이야기를 전해 들을 수 있었다고 했다.

"우리 스웨덴의 구스타프 6세 아돌프 국왕께서 황태자 시절, 그는 그리스, 로마 등에서 고분 발굴에 참여할 정도로 고고학에 조예가 깊었어요. 당시 이집트에서 영국의 고고학자가 투탕카멘의 무덤을 발굴하여 전 세계 고고학계를 흔들어, 유럽에 발굴 붐을 일으켰지요. 1926년, 황태자께서는 일본을 방문 중 마침 신라의 수도 경주의 한 고분에서 왕관이 나올 가능성이 있다는 보고를 받고, 중국으로 가려던 계획을 변경하여, 경주로 가서 발굴 현장에 뛰어들었고, 꽃봉오리 모양과 봉황 장식이 찬란한 금관을 마침내 발굴했다고 해요.

그날 저녁 경주의 최고 명문가 최부잣집에 머무시면서, 스웨덴의 서(瑞) 자와 금관의 가운데에 솟아있는 세 마리 봉황의 '봉(鳳)'을 따서 금관이 나온 그 신라 왕릉을 '서봉총'이라고 명명하셨다고 합니다."

경준은 외국인 에릭이 들려주는 이색적인 신라의 금관 이야기에 빨려 들어갔다. 경준은 자신의 성 '김'이 황금을 의미한다는 말도 하였다.

요즘 들어 가끔씩 간호사 정화가 몰래 외출을 한다는 소리가 들렸다. 정화와 가까운 친구 간호사는 정화가 함흥에 있는 그의 가족이 혹시 부산으로 피난 내려오지 않았나 해서 틈만 나면 부둣가나 국제시장으로 가서 돌아다닌다고 알려주었다.

"정화가 간호사를 지원한 것도 국군을 따라 북쪽으로 가서 가족을 찾기 위한 것이라고 하데요."

친구는 걱정스레 말했다.

경준은 정화를 사랑하고 있었다. 경준은 정화의 커다란 눈을 보는 순간 마음을 빼앗겼다. 그 눈은 돌아가신 그의 어머니의 자애로움을 연상시켜 주는 친숙함과 포근함을 담고 있었다.

전시 부산은 변변한 의료시설이 없었고, 전시 난민과 결핵, 영양실조에 폐렴이나 동상, 화상, 이질 등 온갖 질병이 넘쳐나고 있었다.

"파란 눈의 의사와 간호사가 선진기술을 가지고 와서 무료로 치료를 해 준다더라…."

소문이 퍼지자 민간인 환자들이 스웨덴 적십자병원으로 새벽부터 몰려들어 자리를 잡고 진료 차례를 기다렸다. 이들을 더 이상 막을 도리가 없자 스웨덴 적십자병원은 이들 민간인들도 치료하고 차차 아이들에게 BCG 접종을 실시하기로 결정했다.

에릭과 경준은 한 팀이 되어 부상병들을 치료했다. 경준이 환자의 상처 부위를 벌리면 에릭이 총알과 파편을 꺼냈다. 또 에릭이 수술 중에 덜렁거리는 다리를 들어 올리면 환자의 다리에서 펑펑 솟아오르는 피가 두 사람의 몸을 적셨다.

일이 고될수록 커피타임은 더욱 소중했고, 시간이 흐를수록 그들은 더욱 친밀해졌다.

"저는 어릴 때부터 꽃그림 그리기를 좋아했어요. 온갖 꽃과 나무, 하늘과 별, 왕릉 사이를 돌아다니며 저는 존재의 근원에 대해 생각했고, 꽃을 그릴 때면 행복감에 젖어 화가가 되기를 꿈꾸었지요. 그러나 아버지의 완강한 반대로 그 꿈을 이루지 못했어요. 결국, 저는 화가가 되겠다는 꿈을 포기하고, 의과대학에 들어갔지요. 다행히 아버지도 그것만은 반대하지 않았어요."

에릭은 경준이 언젠가는 그의 꿈을 이루는 날이 있을 것이라고 위로해 주었다.

요즘 들어 정화가 가족 찾기를 포기하고 일에 열심을 보이는 것 같아서 경준은 다소 안심이 되었다. 정화는 이따금씩 예쁜 꽃들을 에릭의 책상 위의 화병에 꽂아 놓곤 했다.

"에릭 선생님이 오늘 돌보신 환자 수만큼 꽃을 꽂았어요. 붉은 꽃은 치료받은 소년병의 웃는 얼굴이구요."

커다란 눈에 살짝 보조개가 보이는 정화의 미소 띤 얼굴을 에릭은 다정한 눈으로 바라보곤 했다. 정화는 에릭에게 함흥에 부모님과 여동생, 남동생이 있는데 오늘 치료해 준 부상병 하나가 꼭 자기 남동생을 닮았다며 울먹이기도 했다.

"정화가 에릭 선생님을 좋아하고 있나 봐요."

하루는 마리아가 한쪽 눈을 찡긋하며 경준에게 말했다.

"그럴 리가 없어요!"

경준은 자신도 모르게 큰 소리로 외쳤다. 경준이야말로 천사 같은 정화를 좋아해서 전쟁이 끝나면 정화에게 청혼을 하고 가정을 꾸려 경주 왕릉 근처에 조그만 병원을 차리고 살 생각이었다. 어머니를 찾으며 우는 부상병들을 위로하고 보듬어주는 정화는 참으로 아름답고 고결해 보였고 경준에겐 천사였다.

'아니야, 마리아가 오해하고 있을 거야. 아마 마리아가 내심 에릭을 사모해서 그렇게 보였을 거야.'

경준은 언제부터인가 정화를 향해 불타는 그의 마음과 사랑의 메시지를 남몰래 일기장에 적었다. 예쁜 정화의 모습을 꽃을 든 천사의 모습으로 그려 넣기도 했다.

전쟁이 나자마자 미국, 영국, 호주, 캐나다, 뉴질랜드, 프랑스, 터키, 태국, 필리핀, 네덜란드, 남아프리카 공화국, 그리스, 콜롬비아, 벨기에, 룩셈부르크, 에티오피아 16개국이 군대를 파견하기 시작했고, 물자지원국이 60여 개국에 이르렀다.

11월 말이 되자 인도 의료지원단 제60공수야전병원부대가 부산항에 도착했다. 경준은 통역을 위해 부산항에 나갔다. 터번과 베레모를 쓰고 내리는 인도인들을 도우며 경준은 휘몰아치는 겨울바람이 추운 줄도 몰랐다. 인도 의료진은 평양과 대구로 구호활동을 위해 떠나갔다.

전황이 다시 불리해지며 중공군이 압록강 건너 쓰나미처럼 밀려오기 시작했다. 함경남도 백두산 아래 개마고원에서 미군과 중공군 사이에 2주 동안 벌어진 장진호전투의 사상자가 엄청났다. 영하 35도의 혹독한 추위 속에 열 배나 되는 중공군에 포위된 미 해병대는 전멸위기에 빠졌으나, 자유를 찾아 내려오는 10만여 명의 북한 피난민과 함께 흥남부두를 통해 남쪽으로 철수하는 데 성공했다.

눈보라 속에 흥남부두에서 유엔군을 따라 내려 온 피난민을 실은 크고 작은 배들이 부산항으로 속속 들어오고 있었다. 정화는 가족들을 만날 희망에 틈만 나면 항구로 나가 돌아다녔다.

크리스마스이브였다.

피난민 일만 사천 명을 태우고 최후로 흥남부두를 빠져나온 메러디스 빅토리호가 드디어 부산항에 도착했다. 배는 지하실 창고에서 갑판까지 온통 피난민들로 가득 차 있었다. 미국인 라루 선장이 정원의 이백 배가 넘는 피난민을 태우고 기적같이 무사히 부산항에 도착한 것이다. 빅토리호가 항구에 들어오자 위중한 환자가 있는지 살펴보려고 경준은 정화 등 의료진과 함께 부산항에 나갔다.

"거제도로 가랍니다. 부산은 더 이상 피난민을 하선시킬 공간이 없답니다."

빅토리호의 라루 선장이 경준에게 말했다.

의료진은 빅토리호를 선상 방문하여 피난민 상태를 살펴보았다. 그때 부상당한 몇몇 피난민 사이에서 정화는 동생을 기적적으로 발견했다.

"정숙아!"

두 자매는 부둥켜안았다.

"아버지는 배가 출발하기 직전에 할 일이 있다며 다른 피난민에게 자리를 내주고, 배에서 내리셨어요. 그러자 어머니와 동생도 아버지를 따라 그만 배에서 내리셨어요."

정숙은 가슴에 타박상을 입었고 팔목 부분이 찢어져 피를 많이 흘렸다. 정숙은 치료를 위해 의료진과 함께 하선했다. 피난민을 싣고 거제도로 떠나기 전 라루 선장이 경준에게 큰 소리로 말했다.

"배에서 다섯 아기가 태어났어요. 그래서 우리 배에는 14,005

명의 소중한 생명이 타고 있지요. 아기들 이름을 '김치'라고 지었다오. 우리 미국 선원들이 아는 유일한 한국말이 김치라서요. 나는 흥남에서 부산까지 오는 이 힘든 항해 중에 하느님의 손길이 뱃전에 머물고 있음을 확신할 수 있었어요."

거제도를 향해 떠나는 라루 선장을 향해 경준은 거수경례를 오랫동안 하고 있었다.

전쟁이 장기화함에 따라 스웨덴 적십자병원으로 프랑스, 호주, 뉴질랜드, 터키 등 여러 국적의 유엔군 부상병들이 계속 실려 왔다. 그들 대부분이 중상자들이었다. 또 부상당한 인민군과 중공군 포로들도 실려 왔다. 인민군 가운데는 16세밖에 안 된 나이 어린 소년병들도 있었다. 참혹한 전쟁의 소용돌이 속에 고통과 파멸, 야만의 시간이 흘러가고 있었다.

해가 바뀌자 1.4 후퇴 때 수원까지 밀렸던 유엔군은 다시 밀고 올라가 서울을 수복했다.

경준은 경주에 홀로 계시는 아버지가 걱정이었다. 인편에 자신이 부산 스웨덴 병원에 있다는 것을 전하긴 했으나 제대로 전달되었는지 확인할 길조차 없었다. 그러던 어느 날 병원 방송에서 그를 급하게 찾는 소리가 났다. 놀랍게도 그의 아버지가 와 있었다. 아버지는 영양실조와 급성맹장염으로 중태였다. 아버지는 아들이 의사로 있다는 스웨덴 병원을 어렵게 찾아오신 것이었다. 웬 젊은 여자가 아버지를 부축하고 있었다.

소식을 들은 에릭과 스웨덴 의료진이 지체 없이 수술을 하고 약을 투여해서 아버지는 일단 위기를 넘길 수가 있었다. 병실 한

귀퉁이에 자리도 마련했다. 정화와 마리아도 정성을 다해 경준의 아버지를 간호했다. 경준도 시간이 나는 대로 아버지를 돌보았다.

정신이 조금 들자 아버지는 자신과 함께 온 젊은 여자를 소개했다. 민애라는 여자는 경준이 어릴 때 경준 할아버지가 가까운 친구의 손녀와 자신의 손자 경준을 혼인을 시키기로 약속을 했었는데, 민애가 바로 경준의 정혼자라는 것이었다.

"인사해라, 우리 집 며느리가 될 민애다…."

민애는 전쟁으로 식구가 흩어지는 바람에 갈 곳이 없어 경준의 고향집을 찾아와서 경준 아버지를 돌보고 있었다는 것이다. 경준은 당황했다. 그러나 경준은 위중한 아버지를 모시고 부산 스웨덴 병원까지 찾아온 민애라는 여자가 고맙기 짝이 없었다. 민애에게 친절하게 대했다. 민애는 경준을 처음 만나는 순간부터 경준을 주시하며 잠시도 눈을 떼지 않았다. 그러나 중력이 이끌리듯 부드럽고 포근한 정화를 사랑하는 경준은 마음이 착잡했다. 아무리 전쟁 중이라 해도 요즘 누가 그런 식으로 결혼을 한단 말인가?

병원에는 오래 머물 병상이 없어 다소 회복되자 아버지는 다시 경주로 돌아갔다. 민애도 아버지를 모시고 떠나갔다. 아버지는 경준에게 빨리 틈을 내서 경주로 와서 민애와 혼례를 치르고 돌아가기를 당부하셨다.

스웨덴 병원에는 적십자 제네바협약에 따라 트럭에 실려 온 인민군 포로와 중공군 포로 부상병들의 수가 꾸준히 늘고 있었다.

"쳇, 왜 저 자식들까지 치료해 줍니까?"

부상당한 적군 포로의 치료를 못마땅하게 생각하는 미군들이 많았다. 그러나 목숨이 경각에 달한 중공군 포로가 실려 오자, 먼저 치료해 주라며 수술 차례를 양보하는 미군 장교 부상병도 경준은 보았다.

스웨덴 적십자병원 측은 치료를 받고 상태가 좋아진 적군 부상병들을 곧 거제도 포로수용소로 이송했다. 인민군 부상병들은 그들을 정성껏 치료해 준 스웨덴 병원에 남고 싶어 했다. 그들은 헤어질 때는 의료진의 손을 잡고 눈물을 흘렸다.

경준이 계속되는 수술과 과중한 업무에 지쳐 짜증을 내기라도 하면 에릭은 엄숙한 표정으로 말했다.

"인간의 몸은 하느님의 성전(聖殿)입니다. 병원에 실려 온 부상병들 모두 신의 성전입니다. 꽃이 피어나듯, 부서진 하느님의 성전을 고치는 것이 우리들의 임무지요. 우리 의사들은 성전 수리공입니다!"

에릭은 절망적 상황이 닥칠 때마다 힘들어하는 의료진에게도 생명의 소중함을 일깨워 주며 용기를 북돋워 주었다.

3월 초에 덴마크의 적십자 의료지원선 유틀란디아호가 356개의 병상을 갖추고 덴마크 국기와 적십자기, 유엔기를 휘날리며 부산항에 입항했다.

7월에는 노르웨이 육군 이동외과병원 노르매시(NORMASH)를 맞았다. 유엔 사무총장 트리그브 리가 노르웨이 출신이었다.

11월에는 이탈리아 의료지원부대 제68적십자병원이 부산항에 도착하였다. 이탈리아는 2차대전 패전 후 유엔 회원국도 아니었지만, 의료지원부대를 보내 주었다.

휴전회담이 시작된 이후 전투는 38선을 중심으로 격심한 고지전 양상으로 변했다. 양측의 참혹한 고지전이 계속되는 가운데 해가 바뀌어 1952년 봄이 활짝 다가왔다. 전쟁의 참화 속에서도 꽃들은 추운 겨울을 이겨내고 저마다 환생하여 이 땅 위에 아름다움을 뽐내기 시작했다.

에릭과 경준, 정화와 마리아, 몇몇 의료진은 틈만 나면 함께 병원 주변으로 나가 돌아다녔다. 부상자 치료에 지친 의료진에게 주변 들판이나 농가를 구경하며 산책하는 것은 큰 위안이 되었다. 조그만 언덕을 따라 내려가면 약수터가 있었다. 그들은 시원한 약숫물을 마셨다. 나지막한 야산 위로는 무한대의 파란 하늘이 열리고 주변에는 산수유와 매화, 이끼를 헤치고 나온 제비꽃, 노란 민들레, 개나리, 진달래와 철쭉, 장미가 가득했다.

"참으로 아름답습니다. 한국은 황금의 나라이면서 꽃의 천국이군요. 봄, 여름, 가을, 어디를 봐도 에덴동산처럼 꽃으로 가득 차 있군요. 꽃은 살아있는 금관이지요. 아무리 찬란한 금관도 이 꽃들을 흉내 낸 것에 지나지 않지요."

에릭은 마치 낙원을 찾아온 사람처럼 활짝 핀 봄꽃 속에서 황홀해했다. 산책이 끝날 무렵 그들은 스웨덴 적십자병원이 자리 잡고 있는 고등학교의 텅 빈 강당으로 갔다. 그곳에 낡은 피아노가 있어 정화는 피아노를 쳤다.

경준은 「데니보이」를 불렀다. 목소리가 좋은 경준은 전쟁터에 나가서 돌아오지 않는 아들을 기다리는 어머니의 마음을 노래에 실어 보냈다. 이역만리 전쟁터에서 의료봉사를 하는 스웨덴 의료진이나 가족의 생사조차 모르는 한국 의료진 모두가 마지막 가사, '네 고운 목소리를 들으면, 내 묻힌 무덤 따듯하리라— 너, 항상 나를 사랑하여 주면, 네가 올 때까지 내가 잘 자리라—' 하는 대목에서는 흐느껴 울었다.

에릭은 정화로부터 한국가곡 배우기를 좋아했다. 그는 특히 가곡 「봉선화」 3절을 좋아해서 어눌한 한국말로 따라 불렀다. 또 스웨덴어나 영어로 번역해서 부르기도 했다.

'북풍한설 찬바람에 네 형체가 없어져도, 평화로운 꿈을 꾸는 너의 혼이 예 있으니, 화창스런 봄바람에 환생키를 바라노라—'

에릭은 특히 이 구절을 두 손 모아 기도하는 자세로 불렀다.

"이 노랫말처럼 문화강국 한국은 언젠가 이 전쟁의 참화를 극복하고 영원불멸의 꽃처럼 다시 피어날 것입니다."

에릭은 예언하였다.

2.

경준은 이제 97세다. 그동안 70여 년의 세월이 흘렀건만, 경준은 그의 운명을 갈라놓은 그날 밤, 그 차디찬 바다에서의 으르렁거리는 파도를 잊을 수가 없었다.

1953년 7월 27일 정전협정이 체결되자, 의료지원국 의료진들은 모두 고국으로 돌아갈 준비에 바빴다. 그동안 교대도 거부하고 치료에 열중이던 에릭이 진료 중 쓰러진 것은 그즈음이었다. 그 에릭을 정화가 극진히 간호했다. 이후 두 사람은 더욱더 친밀해지는 듯했다. 몸이 약해진 에릭은 귀국 제1진이었다.

착잡한 심정으로 경준은 스웨덴 적십자병원의 긴 복도를 혼자 걸어가고 있었다. 에릭의 방 앞을 지나가던 그는 자신도 모르게 우뚝 섰다. 에릭과 정화였다. 에릭의 목소리가 나지막하게 들렸다.

"스웨덴으로 갑시다!"

자세히 보니 정화는 울고 있었다. 훔쳐보고 있는 경준을 얼핏 본 에릭이 미소를 띠고 그에게로 걸어왔다. 정화의 눈물을 본 경준은 분노에 사로잡혀 부르르 떨었다. 에릭이 정화에게 청혼을 하고 스웨덴으로 가자고 강요하고 있음이 분명했다. 경준은 에릭을 향하여 굳은 표정을 지어 보이고는 그 자리를 도망치듯 빠져 나왔다.

그날 경준은 바닷가 가파른 바위에 올라가 일기장을 파도 위로 던져버렸다. 일기장은 자신의 고통을 싣고 멀리멀리 사라지고 있었다. 그러나 바다 밑으로 사라져 가는 일기장이 속삭이며 그를 부르는 것처럼 느껴져 경준은 일기장을 잡으려 으르렁거리는 파도에 몸을 던졌다.

밤낚시를 나왔던 사람들이 바다에 빠져 허우적거리는 그를 구출하여 스웨덴 적십자병원으로 싣고 왔다. 몸이 약했던 경준은 급성폐렴에 걸려 정신을 잃고 온갖 헛소리를 했다. 고열에 시달리는 그를 에릭과 정화, 마리아가 밤을 새워가며 치료했다. 그들의 정성된 치료에 경준은 간신히 목숨을 건져 병상에서 일어났다.

그 사건 이후 경준은 딴사람이 되어 있었다. 타오르는 불꽃이 사라진 곳에 밝고 부드러운 빛이 그를 감싸고 있는 듯한 느낌이

들면서, 파도를 타고 멀리 사라져 간 일기장처럼 정화에 대한 미련도 사라져 갔다.

그 사건 이후, 경준은 스웨덴 병원에서 치료해 준 미군 장교의 도움으로 미국 유학을 떠났다. 경준에게 선진 의술을 배워서 한국인을 고통에서 해방시켜야 한다는 에릭의 충고도 있었다.

미국에서 의사 수련을 마친 경준은 높은 연봉을 마다하고 한국에 돌아와 자신을 필요로 하는 곳은 어디든지 찾아가서 의료봉사를 했다. 그는 한 사람의 길 잃은 양을 돌보는 의사가 되겠다고 맹세했다.

미국에서 돌아온 경준은 민애와 결혼했다.

그때 스웨덴 병원에서 경준을 만나고 경주로 돌아온 민애는 그 후 지극정성으로 경준아버지를 돌보는가 하면 경준이 유학중에도 하루도 빼놓지 않고 사랑의 편지를 썼다. 그 정성에 감복하여 경준은 귀국하자 민애와 결혼했다.

둘 사이에 아이가 없자 경준과 민애는 전쟁고아를 입양했다. 이름이 금순이였다. 금순의 딸이 태어나자 그들은 평화를 염원하는 의미에서 손녀딸의 이름을 '평화'로 지었다. 금순이 세상을 떠나고, 꽃을 유난히 좋아하던 평화는 장미꽃을 주제로 많은 그림을 그려 젊은 나이에 유명 화가가 되었다.

정화는 스웨덴으로 건너가 공부를 더 해 간호학 박사가 되었고, 나중에 에릭과 결혼을 하여 아프리카로 의료봉사활동을 다녔다. 정화의 동생 정숙이가 가톨릭 수녀가 되어 가끔 경준이 일하고 있던 병원을 찾아왔었다. 정숙은 메러디스 빅토리호의 라루 선장님이 가톨릭 수사가 되었고 평생을 한국의 평화통일을 위해 기도하시다 돌아가셨다는 소식도 전해 주었다.

경준은 국립박물관에 가서 찬란한 서봉총 금관도 보았다. 암울한 시대 그들의 커피타임을 황금빛으로 물들여 준 행운의 여신 같은 서봉총 금관은 다행히 한국전쟁 중 몇 번의 위기를 넘기고 건재하고 있었다.

경준은 언제인가 그를 찾아온 한 미 해병을 잊을 수가 없었다.

얼어붙은 장진호 전투에서 폐가 얼어 죽게 된 것을, 스웨덴 병원에서 에릭과 경준이 치료를 해서 살려낸 미 해병이었다. 그 노병은 부인과 함께 한국을 방문 중이었다. 그 노병의 부인이 미소를 띤 채 무거운 산소통을 들고 그를 따라다니고 있었다. 장충동의 한 호텔에서 그들을 만났다.

그 노병은 숨을 헐떡이며 힘들게 말했다.

"한국전쟁에서 구사일생으로 살아난 후, 나는 평생을 우울증과 불면증에 시달렸습니다. 왜 나는 이름도 모르는 나라의 전쟁에 갔던가? 동료들은 왜 죽었고, 나는 무엇 때문에 이런 부상을 입었나? 그러다 한국 정부가 나를 초청했어요. 나는 죽기 전에 마지막으로 한국을 꼭 한 번 보고 싶었습니다. 산소통에 의지해, 목숨을 걸고, 한국을 방문했어요. 그리고 전쟁의 폐허를 딛고 놀랍게 발전한 한국을 나는 보았고, 거리를 메운 활기찬 젊은이들은 내게 감사의 표정을 지었습니다…. 그 순간, 우리의 희생이 헛된 것이 아니었구나 하는 확신을 가지게 되었습니다!"

우울증과 불면증으로 고생하던 그 노병은 참으로 오랜만에 깊은 잠을 잘 수 있었다고 고백했다.

고령이 된 의사 경준은 평생 가슴에 걸고 있던 청진기를 내려놓았다. 이후 그는 인사동에 조그만 화실을 차려 꽃그림을 그리기 시작하였다.

3.

한국전쟁 의료지원 6개국 사진전시회 개막식 날이 되었다.

스웨덴, 인도, 덴마크, 노르웨이, 이탈리아, 그리고 1953년 5월 야전병원 파견 의사를 유엔에 전달하고 그다음 해에 의료지원단을 한국에 보낸 독일을 포함한 6개국 대사들과 유엔군 사령관, 정부 요인 등이 국제회관에 초청되었다.

주최 측이 당시 활동하던 의료진 중 생존자를 찾아보았으나 대부분 세상을 떠났거나 고령이어서 행사에 참석할 수 있는 사람은 거의 없었다. 25살의 젊은 나이에 스웨덴 적십자병원에 근무했던 의사 경준이 97세 최고령 참석자로 맨 앞줄 귀빈석으로 안내되었다. 여기저기서 박수가 쏟아졌다.

경준은 그동안 의사연합회 회장을 지냈고 국내외 최고훈장도 여러 개 받았다. 손녀 화가 평화가 조용히 그의 휠체어를 밀어주고 있었다. 지난 2년간 온 세계를 휩쓴 코로나 감염병으로 참석자들은 모두 마스크를 쓰고 있었다.

"의료지원 6개국은 '세계의 평화와 자유를 수호한다'는 유엔의 결의에 따라 한국으로 왔습니다. 의료진은 아군, 적군, 국적에 관계없이 전쟁부상자를 치료했고 이들을 살려낸 것을 자랑스럽게 생각합니다. 수많은 한국인 민간인도 치료했습니다. 제일 처음 도착한 스웨덴 적십자병원은 200만 명 이상을 치료해서 많은 생명을 살려 냈습니다. 대규모 인도 의료지원단은…”

한국전쟁 중 수백만 명을 치료한 의료지원 6개국의 활동 상황과 미담이 이어지고 있었다. 주최 측의 보고가 끝났다. 이어서 대통령의 영상 축사와 군사령관, 장관들의 메시지, 그리고 의료지원 6개국 대사들의 연설이 이어졌다.

마지막으로 의료지원단 한국 의사 대표로 경준이 앞으로 나가 천천히 말했다.

“전쟁으로 숨져간 수많은 장병들이 의사인 제게 물었습니다. ‘왜 우린 죽어야 합니까, 무엇 때문에 죽어야 합니까?’ 저는 평생 그 무거운 질문을 품고 살아왔습니다. 저는 이 자리에서 감히 말씀드립니다. 자유로운 대한민국, 평화로운 대한민국, 번영한 대한민국, 그리고 세계문화 중심이 된 대한민국이 그 답입니다.

저는 전쟁 중 꽃처럼 사라져간 숱한 영혼들이 가곡 「봉선화」의 3절처럼 오늘 이 자리에서 화창스런 봄바람을 타고 환생했음을 느낍니다. 한국전쟁 중 의료지원단을 보내 주신 6개국 국민 여러분, 고맙습니다. 우리나라를 위해 피 흘리신, 미국을 비롯한 16개국 유엔참전국과 물자지원을 해 주신 60여 개국 국민 여러분이 계셔 대한민국은 다시 태어났습니다. 감사합니다!”

그의 연설에 참석자들은 기립박수로 환호하였다.

참석자들은 각계각층에서 보내온 화환으로 둘러싸인 전시장을 둘러보았다. 사진 속에는 의사와 간호사들, 고통으로 몸부림치는 부상병들이 있었고, 회복된 후에는 모두 함께 손을 잡고 가족처럼 웃고 있는 사진들도 있었다.

스웨덴 전시장에는 젊은 경준과 에릭이 함께 치료하는 사진이 크게 확대되어 중앙에 걸려 있었다. 그 사진 옆에는 화가 평화가 기증한 대형 장미꽃 그림이 걸려 있었다. 활짝 핀 꽃송이 하나하나가 찬란하게 빛을 발하고 있었다. 사람들은 평화의 그림 앞에서 오랫동안 머물렀다.

주최 측에서 마련한 오찬을 든 경준은 이윽고 집으로 가기 위해 조용히 귀빈 식당을 빠져나왔다.

"내 인생의 스승 닥터 에릭 안데르손에게 마지막 하직인사를 하고 떠나야 될 것이 아닌가, 안 그래?"

"물론이지요, 할아버지!"

평화는 꽃처럼 활짝 웃으며 발레리나처럼 빙그르르 휠체어를 돌려 다시 스웨덴 전시장으로 들어갔다.

그런데 중앙에 크게 확대된 에릭과 경준의 사진 앞에 한 젊은이가 서 있었다. 그 젊은이는 장미꽃을 들고 서 있었다. 경준과 평화는 젊은이에게 다가갔다. 젊은이는 경준을 보자 기다렸다는 듯 다가오며 중앙에 걸린 사진을 가리키며 영어로 물었다.

"닥터… 경준 킴?"

경준은 고개를 조용히 끄덕였다.

"저는 에릭 안데르손의 손자입니다. 저도 이번 사진전에 초청받아, 어제저녁 한국에 도착했습니다."

청년은 들고 있던 장미꽃을 경준에게 두 손으로 바쳤다. 그

옛날 꽃을 좋아하고 다정했던 정화의 모습이 겹쳐왔다.

"정말 잘 왔다. 네 마음의 고향을 찾아왔구나, 안데르손 주니어!"

경준은 와락 청년을 끌어안았다.

안데르손 주니어는 할아버지 에릭과 할머니 정화의 바람대로 자신도 의사가 되었다고 했다. 그리고 그는 이 행사가 끝나면 바로 공항으로 가서 우크라이나 지원 의료봉사단원으로 우크라이나에 간다고 말했다. 헤어지게 되자 경준은 말했다.

"우크라이나 국민에게 전하게. 북풍한설 또한 지나가리니, 평화를 염원하는 영원불멸의 혼이 있는 한, 우크라이나는 이 꽃처럼 다시 피어날 것이라고."

그리고 막 떠나려는 그에게 에릭이 자신에게 한 말을 속삭이듯 말했다.

"명심하게, 의사는 신의 성전을 수리하는 수리공이네. 하느님의 축복이 함께하시기를…."

미완의 꿈

- 고려군신 도원수 안우

'아, 하늘이시여, 지금 우리가 이 땅에서 편안히 살 수 있는 것은 누구의 공로입니까? 개선의 노래가 그치기도 전에 어찌 태산 같은 공로를 칼끝의 핏자국이 되게 한단 말씀입니까?'

-정몽주-

공민왕과 노국공주

1351년, 22살의 공민왕(恭愍王) 왕기(王祺)는 고려로 향했다.

열두 살 때 볼모로 원의 수도 대도로 가서 십 년간 온갖 수모 끝에 드디어 고려왕이 될 기회를 잡은 그였다. 갓 결혼해 아직도 신혼의 꿈에 젖어 있는 노국대장공주의 해맑은 얼굴을 바라보며 그는 귀국길의 고됨도 잊고 있었다.

"왕가진(王佳珍), 내 아름다운 보배여, 천하제일의 대고려를 만들어 우리의 아들에게 물려주리라."

왕가진은 공민왕이 노국공주 부다시리에게 친히 지어준 고려식 이름이었다. 그는 불타는 사랑을 주체할 길이 없어 노국공주를 힘껏 안아주었다. 그녀는 위왕의 딸로 칭기스칸의 7대손이었다.

공민왕은 수종공신 조일신, 정세운, 김용 등과 함께 고려로 돌아오자마자 변발과 호복을 벗어던져 버렸다. 노국공주도 몽고풍의 옷을 벗고 고려의 복식으로 바꾸었다.

즉위 두 달 만에 공민왕은 원나라가 내정간섭을 위해 만든 정동행성이 아닌 고려 조정에서 정사를 돌보겠다고 선포하였다.

고려인 중에는 원에 붙어 고려를 억압하고 착취하는 무리들이 있었는데 그 부원배의 우두머리가 원나라 기황후의 오빠 기철이었다. 아름답고 총명한 기황후와는 달리 기철은 기황후 세력을 등에 업고 패악을 부리고 있어 백성들의 원성이 높았다.

"요동을 정벌하여 고구려 옛 영토를 회복합시다!"

공민왕은 특히 몽고 사정에 밝고 전술전략에 뛰어난 안우(安祐) 장군과 단둘이 있을 때는 고려의 오랜 꿈이요 숙원인 요동정벌에 관해 이야기하곤 했다.

월출산 장군바위

탐진(강진)은 일본, 중국, 멀리는 아라비아 등지로 오가는 무역선이 쉴 새 없이 넘나드는 국제무역항이었다. 탐진 포구에는 빛나는 털에 윤기가 흐르는 건강한 말들과 탐진 땅 수백 곳 가마터에서 구워낸 은은한 푸른빛이 도는 고려도자기를 실은 배가 가득했다.

안우의 부친 안원린은 일찍이 대문과에 급제하여 정당문학과 검교중추원사를 역임하고 나라에 공을 세워 탐진군(耽津君)에 봉해졌다. 안우의 집은 웅장한 바위들이 우뚝우뚝한 월출산 기슭에 있었다.

월출산 깊은 곳에서는 고려 무인들이 모여 무술을 연마하였는데 어린 안우도 그들 틈에 끼어 무술을 배웠다.

하루는 원나라 복장을 한 수십 명의 우락부락한 남자들이 칼과 몽둥이를 들고 월출산으로 올라왔다. 그들은 월출산 꼭대기에 이르자 우뚝 솟은 장군바위를 부수며 마구 흔들기 시작했다. 월출산 장군바위는 언젠가 큰 인물이 태어나 위기에 처한 나라를 구한다는 전설을 지니고 있어 사람들은 신령한 바위라 하여 매우 아끼고 사랑하고 있었다.

무뢰배들이 고함치며 장군바위를 굴려 내리려고 할 때 어디선가 십여 명의 고려인 무사들이 나타났다. 산 속에서 양측 간에 큰 싸움이 벌어졌다. 치열한 싸움 끝에 고려 무사들은 무뢰배들을 쫓아내고 바위를 제 모습대로 돌려놓았다. 그리고 무사들은 어디론가 사라졌다. 이를 몰래 지켜본 어린 안우는 그 장면을 평생 그의 마음에 간직했다.

이후 안우는 원나라로 건너가 무장이 되어 용감무쌍한 군인으로 용맹을 떨쳤다. 특히 안우는 세계를 제패한 몽고제국의 뛰어난 전술인 망구다이 전술을 익혔다. 이 망구다이 전술은 세계 최강 몽고군 특유의 위장후퇴술로써 처음에는 형편없는 전투력을 보이며 도망쳐 적을 유인한 후, 미리 매복시켜 놓았던 대규모 복병이 바람처럼 나타나 적을 섬멸시켜 대승을 불러오는 전략이었다. 이 교묘한 망구다이 유인술로 몽고는 역사상 가장 넓은 영토를 가진 대제국을 이룩할 수 있었던 것이다.

'고려는 원나라를 넘어야 한다. 원나라를 넘으려면 먼저 원나

라를 알아야 한다.'

안우는 유라시아 대륙을 정복한 몽고군의 망구다이 전술 등 원의 모든 전략전술을 몸으로 배운 후 고려로 돌아왔다.

고려의 권문세족들 역시 나라의 안위에는 관심이 없고 개인의 축재에만 몰두하여 산과 강을 경계로 삼을 만큼 큰 농장과 토지를 소유하고 있었다. 그들은 비단옷을 여러 벌씩 껴입고 다녔고, 집은 값비싼 청자로 장식하였다. 반면, 그들에게 땅을 빼앗긴 양민들은 헐벗고 굶주렸으며 처자식을 팔고 유랑을 하거나 산으로 들어가 화전민이 되었다.

1354년, 원에서 장사성(張士誠)의 난이 일어나자 원순제가 고려에 지원군을 요구해 왔다. 금은 등 온갖 공물로도 부족해 원이 고려에 장수들과 군대까지 요구해 온 것이다. 공민왕은 분노가 끓어올랐으나 원의 제안을 거부할 수는 없었다. 원의 요청에 따라 공민왕은 안우를 위시하여 유탁, 정세운, 이방실, 인당, 최영 등 40여 명의 날쌘 고려 장수들과 서경 수군 3백 명을 포함하여 고려군 2천 명을 모집해 대도로 보냈다. 공민왕은 수종공신이요 총신인 김용도 슬그머니 지원군에 합류시켰다.

해가 지나 원에 파병되었던 고려 장수들이 난을 진압하고 돌아왔다. 안우는 원에서 돌아와 다음과 같이 공민왕에게 보고했다.

"원은 부패하고 군기마저 해이해져 장수들이 분열되고 있습니다. 원의 몰락은 시간문제입니다!"

기철 제거

1356년(공민왕 5년) 봄.

나날이 세력이 커져 안하무인이 된 기철과 권겸, 노책 등 부원파의 눈치만 보며 살아가던 공민왕은 안우 등을 불러 이들을 제거할 계획을 세웠다.

왕은 궁궐에서 큰 연회를 열어 기철과 권겸, 노신 등 부원파와 권문세족들을 초대했다.

연회가 벌어지는 날, 기철과 부원배들이 연회장 안으로 들어가려는 순간, 숨어 있던 무장들이 칼을 빼들고 달려들었다. 기철과 권겸이 그 자리에서 피를 흘리며 쓰러졌고 기씨 형제들과 노책 등 기승을 부리던 부원배 25명 이상이 척살되었다. 안우 장군이 원나라에서 돌아온 지 한 달 만에 일어난 거사였다.

공민왕은 그날로 정동행성을 혁파하고 쌍성총관부로 군사를 급파해 미리 은밀히 포섭해 놓았던 이자춘(이성계의 아버지)의 내응으로 쌍성총관부를 회복했다. 몽골에게 빼앗겼던 철령 이북의 고려 땅을 99년 만에 되찾은 것이었다.

공민왕은 또 이 운명적인 날을 위해 미리 준비해 두었던 국정 혁신안을 발표했다.

"몽골의 풍습을 폐지하고 고려의 관제를 모두 원래대로 회복하도록 하라! 몽골에 보내던 공녀와 환관도 더 이상 보내지 말라!"

백성들은 영웅적인 젊은 왕의 출현에 환호하였다. 그러나 이 놀라운 소식을 들은 원나라 기황후는 즉각 위협을 해 왔다.

'기철을 죽인 진상을 밝히고 책임자를 처벌하지 않으면 80만 대군을 일으켜 고려를 칠 것이다!'

그러나 공민왕은 내우외환에 시달리는 원나라가 그럴 만한 여력이 없음을 안우 등의 보고를 통하여 이미 알고 있었다.

기철 일당을 일시에 제거한 공민왕은 몇몇 장군을 불러 명하였다.

"압록강 건너 파사부(단둥시 일대)를 공격해 우리 옛 땅을 수복할 준비를 하시오!"

왜구를 격퇴하는데 큰 공을 세웠던 서북면병마사 인당과 후배 장수 최영이 어명을 받고 군대를 이끌고 압록강 건너 서쪽의 파사부 일대 8참(站)을 공격하여 3개의 역참을 격파하였다.

기개에 찬 고려의 젊은 왕이 드디어 고구려의 옛땅 요동을 다시 찾기 위한 신호탄을 쏘아 올린 것이다. 그러나 고려군이 압록강을 건너 파사부를 공격하자 원의 사신들이 득달같이 고려로 달려와 거세게 공민왕을 겁박하기 시작했다.

이에 맞서 문하시중 홍언박이 성큼 나섰다.

"전하, 당장 저 원의 사신들을 쫓아 버리십시오. 이젠 고려도 달라졌음을 보여 주어야 합니다!"

그러자 부원파 잔당들이 일제히 고성을 지르며 홍언박에게 달려들었다. 공민왕이 급히 손을 들어 그들을 제지했다.

이때 안우가 크고 육중한 걸음을 떼며 앞으로 나와 말했다.

"전하, 지금 원나라는 내란으로 힘을 쓸 수 없는 처지입니다,

크게 걱정하지 마시옵소서!"

이를 지켜보던 노국공주가 공민왕에게 힘을 실어 주었다.

"전하, 기철을 제거한 마당에 무엇을 망설이십니까? 안우 장군의 말대로 이제 고려는 요동을 다시 찾아야 합니다!"

그러나 화가 난 기황후와 원순제가 80만 대군을 보내 문책하겠다고 계속 위협을 가해 와 공민왕은 기철 일당의 제거와 파사부 공격을 해명하는 국서를 만들어 보내야 했다.

기철 등이 반역을 꾀했습니다. 기철 등은 제멋대로 무기를 만들고 활쏘기와 말타기를 연습하고 무뢰배들을 모아 황제의 사신이라 속이고 우리 임금과 신하들을 몰살시키려 했습니다. 이들 역적들을 체포하여 일시에 처단했습니다….

그리고 왕은 어쩔 수 없이 파사부를 공격하여 역참들을 격파했던 인당 장군을 희생양으로 삼아 처형했다. 인당 장군의 처형 소식에 안우는 눈물을 흘렸다.

그러나 공민왕의 조치가 미흡했다고 생각하고 화가 머리 꼭대기까지 차오른 기황후는 원나라 황궁에서 소리쳤다.

"내 분명 군사를 보내 고려를 칠 것이다. 그 전에, 고려의 김용에게 고려왕과 안우 등 책임자 모두를 죽이라고 명해라. 내 큰 상을 내릴 것이다."

김용은 그들이 고려 조정에 심어둔 첩자요 원의 충성스러운 신하였다.

공민왕의 명령으로 요동정벌 계획을 세우면서, 안우는 밤마다 월출산 장군바위가 크게 웃는 꿈을 꾸었다. 어렵게 시작된 젊은 왕의 개혁의 바람 속에 고려 땅에는 모처럼 백성들의 가슴에 봄바람이 불고, 꽃이 피고 새들이 노래하고 있었다.

안우에게는 두 딸이 있었는데, 맏사위 황보림 장군이 그를 그림자처럼 따르고 있었다. 안우는 황보림을 뛰어난 장수로 기르기 위해 틈틈이 변화무쌍한 몽고의 망구다이 전술과 옛 고구려 전술, 그리고 안우 자신이 고려 지형에 맞게 새로 고안한 특수유격술을 가르쳤다.

또 안우는 틈틈이 황보림에게 일본 정벌에 관한 생각을 이야기를 해 주기도 하였다.

"원나라 쿠빌라이의 두 번에 걸친 일본 정벌이 아쉽게도 실패로 끝나 버렸다. 고려의 입장에서는 원의 강압으로 시작된 참으로 힘든 전쟁이었지만 남쪽의 화근인 왜를 그때 정복하지 못한 것은 매우 아쉬운 일이었다."

안우에게는 딸 둘 외에도 아들 하나가 있었다. 몸이 약했던 부인 박 씨는 아들 현(顯)을 낳고 그만 세상을 떠났다. 탐진 고향집에서 자라고 있는 현은 아직 어렸다. 그래서 맏사위 황보림은 그에게 더더욱 소중한 존재였다.

공민왕 7년 봄, 개경에 나라의 위급을 알리는 봉화불이 올랐다.

"왜구가 새까맣게 나타났다!"

"왜선 수백 척이 교동도까지 들어와 사람들을 마구 죽인다!"

개경에 계엄령이 내렸고 공민왕도 잠시 왜구를 피해 있어야만 했다. 공민왕은 안우를 동강병마사로 임명해 왜구를 격퇴하게 하였다. 동강병마사가 된 안우는 남쪽으로는 왜를 정복하고 북쪽으로는 고구려 영토를 회복해야 하는 정왜북벌(征倭北伐)이 고려가 나아갈 길이라고 왕에게 주청하고 최영 등 휘하 장수들과 함께 왜구 토벌에 나섰다.

제1차 홍건적 침입

이때 북쪽 변경에서 급보가 들어왔다.

"요동에서 홍건적의 무리가 고려로 향하고 있다고 합니다!"

붉은 두건으로 머리를 감싼 대규모 홍건적 무리가 원나라의 대대적인 반격에 쫓겨 물밀듯이 고려로 향하고 있다는 이 뜻밖의 소식은 고려 조정을 혼란으로 몰아넣었다. 남쪽 왜구와 북쪽 홍건적에게 협공을 당하는 형국이 된 것이다.

공민왕은 안우를 안주군민만호부의 만호로 임명해 홍건적의 남진에 대비토록 하였다.

최영 등 휘하 장수들의 활약으로 남쪽 왜구를 소탕한 안우는 곧 경천흥, 김득배, 최영 등 제장들과 함께 북쪽 홍건적을 퇴치할 전략을 짜기 시작했다.

"적은 숫자의 병력으로 대규모 적을 이기려면 우선, 우리 고려 땅 깊숙이 적을 유인하는 것입니다. 패해서 달아나는 척하며 적의 약점을 계속 공격하면 피로하고 굶주린 적은 지쳐서 북쪽으로 돌아가려 할 것입니다. 그때 고려의 정예 기병들이 적의 후미를 쳐서 일시에 섬멸하는 것입니다.

백만 대군을 일으켜 고구려 서경성을 공격했던 수나라군이 살수(청천강)에서 궤멸한 것도, 패한 척하며 수나라 군대를 서경 깊숙이 유인해 낸 고구려 을지문덕 장군의 탁월한 전략 덕분이었지요."

안우가 말하자 장수들은 고개를 끄덕였다.

"그런데 적을 속이고, 도발하고, 유인해 내기 위해서는 우리 측의 목숨을 건 담대함이 있어야 합니다!"

안우는 장수들을 둘러보며 말했다. 실제로 유도작전에 동원되었던 많은 수의 기병들이 적의 화살에 목숨을 잃곤 했다. 또 이런 대담한 전술은 임금의 절대적인 신임 없이는 불가능한 작전이었다. 안우는 공민왕을 믿었다.

'아마 지금 개경에는 벌써 홍건적 첩자들이 깔려 있어 고려군에 대한 정보를 샅샅이 수집하고 있을 것이다…. 여우처럼 교활한 적이 수적 우세만 믿고 잔뜩 힘을 뽐내도록 하여, 안심시킨 후, 이를 치는 것이다.'

안우는 이들 첩자들을 역으로 이용할 계책을 짰다.

안우와 고려군이 안주로 떠나는 날.

해가 밝자 조정 대신들이 안우 장군과 휘하 장수들, 출정하는 군사들을 환송하기 위해 일찌감치 개경 성문 밖에 모였다. 그들은 점점 뜨거워지는 햇살 아래서 땀을 흘리며 안우 장군이 나타나기를 기다리고 있었다. 그런데 해가 정오가 되었을 무렵 의외의 소식이 전해져 왔다.

"안우 장군께서 술에 취하여 일어나지 못한다고 합니다!"

뜻밖의 보고에 대신들은 아연실색했고, 휘하 장수들은 어쩔 줄 몰라 했다. 그 소식을 들은 군사들도 술렁댔다. 안우는 한나절이 지나서야 술이 덜 깬 얼굴로 나타났다. 안우의 군대는 그렇게 실망스럽고 어수선한 분위기 속에서 안주를 향해 출발했다.

"안우 장군은 술고래다!"

안우에 대한 좋지 않은 소문이 바람처럼 퍼져나가기 시작했다.

안우의 부관으로 함께 안주로 떠나게 된 황보림은 이 어처구니없는 상황에 애가 탔다. 안주로 가는 내내 입을 굳게 다물고 침묵을 지키는 장인의 속내를 도무지 알 길이 없었다.

고려군이 안주 가까이 다가갔을 때, 안우는 황보림을 은밀히 불렀다. 그리고 그에게 속삭였다.

"전쟁에서는, 적의 첩자들을 속이고 방심하도록 거짓 정보를 흘려야 한다. 안우 장군은 술고래요, 태평이고, 엉터리라고, 알겠느냐?"

이 말을 마친 안우 장군은 북쪽을 바라보며 웃었다.

"전쟁은 속이는 것이다. 적을 속이기 위해서는 아군조차 속여야 한다. 누가 더 잘 속이느냐 따라 승패가 갈린다, 깊이 새겨라."

황보림은 그제서야 마음이 밝아지며 자신의 어리석음을 나무랐다. 그는 또 안우에게 그를 항상 괴롭히고 있는 질문을 조심스럽게 꺼냈다.

"홍건적의 숫자가 고려군보다 월등 많은 듯한데, 도대체 그 엄청난 수적 열세를 어떻게 극복합니까?"

안우는 잠시 생각하는 듯하더니 대답했다.

"걱정 마라. 적이 이겼다고 우쭐대며 전공을 세우려 미친 듯 달려오도록 만들면 된다."

안우와 고려군은 안주에 머물며 진지를 구축하고 홍건적의 침략에 대비하기 시작했다.

1359년 12월 8일.

압록강이 얼기 시작하자 홍건적 괴수 모거경이 4만여 명의 무리를 이끌고 얼어붙은 압록강을 건너 고려를 침공하기 시작했다.

공민왕은 수문하시중 이암을 서북면 도원수로, 경천흥을 서북면 부원수로, 김득배를 도지휘사로, 이춘부를 서경윤으로, 이인임을 서경존무사로 임명해 전선으로 급파했다.

그러나 급히 전선에 당도한 이들 고려군 지휘관들은 파도처럼 밀려오는 홍건적의 엄청난 기세에 눌려 감히 싸울 생각조차 하지 못했다. 그때 청강 남쪽 안주에 방어선을 구축하고 있던 안우가 홍건적을 급습하여 목을 베었다.

승리의 함성

안우 장군이 기병 70기를 거느리고 전선을 순찰하다 산에 올라 잠시 쉬고 있을 때, 홍건적 장수 모귀양의 대병력이 갑자기

병기를 휘두르며 달려들었다.

"적이다! 장군님, 피하셔야 합니다!"

안우 휘하의 장졸들이 크게 당황하여 외쳤다. 그러나 안우는 조금도 놀라는 기색 없이 태연자약하게 웃고 이야기하면서 계곡에서 손을 씻고 양치질까지 한 후 침착하게 말에 올랐다. 그리고는 군사들을 인솔하여 곧바로 적군 앞으로 달려가 길고 날카로운 검을 높이 빼 들고 온 산이 울릴 만큼 쩌렁쩌렁한 목소리로 외쳤다.

"전 고려군은 즉시 공격하라! 공격하라!"

조금도 당황한 기색이 없이 우렁찬 목소리로 공격명령을 내리는 안우의 기세에 간담이 서늘해진 적들은 혼비백산하여 달아났다.

안우는 군사를 몰아 청강 건너편 홍건적 본대가 주둔하고 있는 인주 정주까지 쳐들어가 대승을 거두었다. 이 통쾌한 소식에, 왕은 크게 기뻐하며 안우에게 금으로 만든 허리띠를 하사하였다.

당황한 홍건적은 이번에는 작전을 바꾸어 선주(평안북도)를 공격하여 주민 1천여 명을 죽이고 선주 관내를 약탈하였다. 그러나 선주의 홍건적이 약탈한 곡식을 운반하느라 신속하게 이동하지 못한다는 첩보를 접한 안우와 김득배는 보병과 기병 1천으로 불시에 그들을 공격하여 또다시 크게 이겼다.

그러자 교활한 홍건적은 철통같은 안우의 청강 방어선을 피해 강을 크게 우회하더니 남쪽으로 폭풍처럼 쳐내려오기 시작했다.

서경이 위험했다.

작전회의가 열려 처음에는 서경성 안의 모든 양식과 물자를 미리 불태우고 서경을 초토화 시키는 청야전술(淸野戰術)을 쓰자는 의견이 우세했다. 그러나 적의 날카로운 기세를 꺾기에는 청야전술이 적절치 않다는 의견도 나왔다.

적정을 면밀히 살펴온 안우는 말했다.

“홍건적들은 이미 식량이 바닥난 상태입니다. 서경 초토화 작전은 굶주린 이리떼 같은 적을 개경까지 끌어내리는 위험한 작전입니다. 일단 서경에 양식을 남겨 두어 그것을 미끼로 굶주린 적을 서경에 몰아넣은 후, 군사를 모아 적을 몰살시키도록 합시다.”

무엇보다 고려군 수가 턱없이 적어 군사를 모으기 위한 시간이 절실했기에 모두 이 작전에 동의했다.

홍건적은 12월 28일, 서경성을 점령하였다. 고려를 침공한지 불과 20일 만이었다. 그동안 홍건적이 포로로 잡은 고려군과 백성의 숫자가 1만을 넘고 있었다. 백성들은 남쪽으로 피난을 떠날 준비를 하는 등 나라 전체가 걷잡을 수 없는 혼란에 휘말려 들어갔다. 그러나 안우의 예상대로 굶주린 홍건적은 식량창고를 차지하고 서경성에 안주하며 더 이상 남진할 기색을 보이지 않았다.

해가 바뀌어 1월 하순이 되자, 전국에서 모은 고려군 총병력이 각 사찰의 승병까지 포함하여 2만 명이 되었다. 드디어 안우가 지휘하는 고려군의 서경성 탈환전이 시작되었다.

“위대한 고려의 군사들이여, 극악무도한 홍건적이 점령하고 있는 서경을 탈환하라!”

안우는 앞장서서 외치며 대대적인 반격에 나섰다.

"이기자! 이기자! 나가자!"

고려군의 거센 공세가 시작되자 서경성 안의 홍건적은 그들이 사로잡은 만여 명의 포로들을 죽여, 그 시체를 높이 쌓아 빙벽을 만들어 대항했다. 그러나 안우가 지휘하는 고려군은 서경성을 정면 돌파하여 맹공 끝에 홍건적 2만여 명을 죽이고 홍건적 장수 심자와 황지선 등을 생포했다.

안우와 고려군은 도망가는 홍건적을 끝까지 추격하여 서경에서 함종, 압록강까지 무려 9차례나 싸워 모두 승리하였다. 가까스로 살아남은 홍건적 잔당 3백여 명은 의주까지 가 얼어붙은 압록강을 건너 도망쳤다.

"이겼다! 적을 섬멸했다!"

백성들의 기쁨에 찬 함성이 방방곡곡에 울려 퍼졌다.

백성의 어려움을 돌보소서

그러나 안우는 승리의 기쁨보다는 전쟁 중에 직접 보고 느꼈던 백성들의 참상에 가슴이 아팠다. 안우는 무엇보다 앞으로 절대로 고려 땅에서 전쟁이 벌어지는 일은 없어야 한다고 다짐했다. 안우는 변방에서 원나라 관리 대접 때문에 생기는 백성의 고통과 전쟁 중 포로가 된 백성들의 신분을 다시 복원시켜 줄 것을 청원하는 장계를 임금께 올렸다.

「안우의 장계」

'홍건적은 매처럼 사납고 이리떼처럼 탐욕스럽고 토끼처럼 교활하며 이들을 만나면 모두 도륙당하고 살해됩니다. 고려 백성들이 적을 맞아 죽음을 무릅쓰고 항거하느라 큰 어려움을 겪었습니다…. 지방의 형편을 돌아보옵건데, 백성들은 술지게미나 쌀겨로 입에 풀칠하는 지경입니다. 이런 때에 백성들이 원나라 사신에게 술과 고기를 대접함은 차마 하지 못할 일이니, 원나라 사신들의 아침 저녁밥과 죽을 제외한 술자리의 비용은 일체 금지하소서.

또한 변방에 즐비한 역참을 오가는 원나라 관리들을 백성들이 한 달이 멀다하고 돌아가며 대접하고 있습니다. 큰 고통입니다. 안주 이남을 제외한 가주, 정주, 수주, 곽주, 선주, 철주, 용주, 인주의 백성들의 어려움을 돌아 보사 역참을 폐지하도록 하소서.

오랑캐에게 욕을 당했거나 산으로 도망하여 숨은 백성과 군관들은 힘이 약해 그랬을 것이니, 그 잘못을 용서해 주시면 감사해 할 것입니다. 평민, 노비, 양가의 자손, 장사 등 전쟁 통에 부당하게 포로가 된 자들 또한 해당 관청으로 하여금 본래의 신분으로 되돌아가게 은혜를 베풀어 주소서. 신들이 군영을 떠나 조정으로 돌아가는 길에 삼가 장계를 받들어 올리나이다.'

진심으로 백성을 염려하는 안우의 충심 어린 장계를 받아 본 공민왕은 안우가 지적한 폐해를 모두 시정하게 하고 안우에게 다음과 같은 글을 보내 격려하였다.

'궁지에 몰린 적들이 벌떼처럼 몰려와 독을 쏘았다. 의로운 우리 군사들은 가는 곳마다 그 위엄이 천둥 벼락보다도 더하였도다. 경들이 개선가를 연주하고 돌아오며 글을 올리니 짐은 그를 가상히 여기노라.'

공민왕은 개선장군 안우와 제장들, 군사들을 위해 큰 잔치를 베풀어 주었고, 백척간두의 위기에 처했던 나라를 구한 안우와 이방실, 김득배 등 최고무장들을 모두 함께 공신에 봉했다. 힘들게 싸워 얻은 기쁨을 만끽했지만, 한편으로 안우는 아쉬움을 금할 수 없었다.

"저 홍건적을 끝까지 쫓아가 요동까지 진격해야 하는데."

개선장군 안우는 홍건적을 물리치고 돌아온 얼마 후 고향 탐진에 다녀왔다. 탐진은 그의 지친 영혼을 품어주는 생명의 땅이었고 항상 그의 그리움의 대상이었다. 장독대 앞에 꿇어앉아 정화수를 떠 놓고 기도하는 연로한 어머니의 모습은 갈수록 탐진의 강물을 닮아가고 있었다. 어머니는 월출산 달이 좋아 평생 탐진의 고향집을 떠나지 못했다.

이번 여행에서 안우는 어린 아들 현을 개경집으로 데리고 올라왔다. 전쟁터를 누비느라 전혀 돌볼 겨를이 없던 늦둥이 아들이었다.

그러던 중 어느 날 개경 안우의 집에 김득배가 찾아왔다. 김득배의 옆에 김득배의 문하생이라는 한 헌칠한 젊은이가 서 있었다.

"이번 과거에 장원을 한 정몽주라는 유생을 소개합니다. 후일 우리 고려의 큰 인물이 될 겁니다. 인사드리게."

김득배는 젊고 비범해 보이는 선비를 소개하며 활짝 웃었다. 23세의 젊은 유생 정몽주는 김득배가 매우 아끼는 제자였다.

"반갑소, 앞으로 고려를 위해 꼭 필요한 인물이 되시오."

안우는 정몽주의 앞길을 축복하며 그를 반겼다.

"과찬이십니다, 장군께서는 위기에 처한 고려를 홍건적으로부터 구하지 않으셨습니까. 장군님이야말로 후대에 길이 남을 영웅이십니다!"

정몽주의 말에 안우는 한바탕 호탕한 웃음으로 답했다.

제2차 홍건적 침입

1361년 10월 20일.

요동에 있던 또 한 무리의 홍건적이 고려로 밀려왔다.

반성, 사유, 관선생, 주원수, 파두반 등 적장들은 이번에는 20만이나 되는 대군을 거느리고 압록강을 건너와 삭주와 이성을 공격하였다. 고려는 아직 지난번 홍건적의 침입에서 입은 피해를 회복하지 못한 상태였고 고려군 병력은 고작 4만에 불과했다.

개경에서 또다시 급히 어전회의가 열렸다. 공민왕이 근심스런 목소리로 말했다.

"적의 수가 20만이 넘는다는데 우리 고려군의 수가 4만이니 턱없이 적어 어찌하면 좋겠소?"

그러자 김용이 불쑥 나와 말했다.

"전하, 속히 원나라에 지원군을 청해야 합니다. 원나라 지원군을 불러와 싹 쓸어버려야 합니다!"

이 소리를 들은 정세운이 벌컥 화를 내며 큰소리로 김용을 나무랐다.

"아니, 도적떼가 코앞에 나타났는데 언제 지원군을 기다린답니까?"

그러자 김용도 지지 않고 맞섰다.

"도적이라니요? 들리는 소문에 의하면 군사가 백만이 넘는다고들 합니다. 고려에 어떤 장수가 있어 이를 막는답니까?"

두 사람이 말싸움을 하는 것을 듣고 있던 공민왕은 눈살을 찌푸렸다.

"안우 장군이 말씀해 보세요."

공민왕은 말하며 안우에게 신뢰의 눈길을 보냈다.

대신들도 일제히 안우를 주시했다. 안우 옆에는 김득배와 이방실이 용상 쪽을 지켜보며 굳게 입을 다물고 서 있었다. 지난 침공 때 경험한 홍건적의 무자비한 살육과 약탈, 울부짖는 소리가 들리는 듯 어전에는 긴장감이 감돌았고 중신들의 기침 소리만이 이따금씩 들려왔다.

안우가 성큼 앞으로 나서며 말했다.

"전하, 전국에서 군사를 모집하소서. 그동안 일단 적의 예봉을 피해야 하니 군사가 모일 때까지 저희들이 '치고 빠지는' 방법으로 적을 공격하며 시간을 벌겠습니다."

공민왕은 고개를 끄덕이며 듣고 있었다.

왕은 다시 군사요충지 청강을 1차 방어선으로 삼기로 하고 안우를 상원수로, 김득배를 도병마사로, 이방실을 서북면 도지휘사로 임명했다.

홍건적은 이번에는 귀주, 무주(영변) 쪽으로 밀려 내려오며 점령지마다 살아있는 것들이라면 닥치는 대로 죽이면서 잔학하기 이를 데 없는 살육을 자행했다.

고려군의 치고 빠지는 별동대식 반격이 시작되었다.

안우와 이방실은 태주에서 적을 공격해 베고 광풍처럼 달려 개주에서 적 150명을 죽였다. 적은 고려군의 파상공격에 잠시 혼란에 빠졌으나 수적으로 월등히 우세한 홍건적은 안우가 이끄는 고려군을 향하여 집중공격을 퍼부으며 남진을 계속했다. 적의 인해전술에 맞서 고려군은 안우의 지시로 사방으로 달아나며 거짓 퇴각을 시작했다.

그 사이 공민왕과 고려 조정은 군마를 징발하고, 병력을 보충하기 위해 모병을 독려했다. 20만이나 되는 적군에 대적하려면 대대적인 모병을 해야 했다.

11월이 되자 북풍이 몰아치기 시작했다.

안우의 고려군은 계속 달아나며 홍건적을 청강까지 유인한 후 돌연 말머리를 돌려 맹렬히 적들을 공격하기 시작했다.

"세 방향으로 나누어 적을 공격하라!"

안우는 앞장서서 날쌘 기병 1백여 기를 이끌고 바람처럼 달려 홍건적 1천여 명의 집결지를 급습해 적을 참살하였다. 한편 조천주, 정리, 장신보, 이원계, 홍선 등은 기병 4백 기로 은밀히 박주로 진출해 홍건적 1백여 명을 참살하여 적을 혼란시켰다. 한편 이방실이 이끄는 1백여 명의 기병은 은밀히 연주로 가서 적을 쳐서 전선을 교란시켰다. 패해서 달아나던 고려군이 돌연 사방에서 공격을 감행하자 홍건적은 일시에 전선이 무너지며 북쪽으로 도주하기 시작했다. 치고 빠지는 안우의 특수 유격전으로 고려군은 박주, 태주, 개주, 연주 등지에서 대승을 거두었다.

고려군을 안주에 집결시켜 주방어선으로 삼은 후 즉시 공민왕께 승전보고서를 올렸다.

'정찬과 왕안덕, 김인언, 허자린, 박수년, 김기, 정원보, 유지철, 변안열, 권장수, 조린, 조인벽 등이 모두 힘써 싸워 공로가 있으니, 이 장수들에게 상을 내려 사기를 진작시키소서.'

승전 보고를 받을 때마다 공민왕은 전공을 세운 장수들에게 즉시 큰 상을 내렸다.

도원수 안우

공민왕은 전세를 역전시켜 또 한 번 나라를 위기에서 구한 안우 장군을 도원수(都元帥)로, 이방실과 김득배 장군을 각각 상원수, 부원수로 임명했다. 도원수는 상원수, 부원수를 거느리는 정2품 무관직이었다. 공민왕은 또 도원수 안우 장군에게 도성 밖의 모든 일을 맡긴다는 특별교지를 내렸다.

'도성 밖의 모든 일은 장군이 다스릴 것이니, 명령을 듣는 자에게는 상을 주고, 명령을 듣지 않는 자는 벌을 주도록 하라.'

"고려군의 총사령관이 되셨습니다!"

이방실과 김득배는 물론 그를 존경하고 따르는 최영, 황보림 등 제장들도 자기 일처럼 좋아했다.

그러나 승전의 기쁨은 잠시, 물러갔던 홍건적이 다시 고려군 진영에 대대적인 공세를 가하기 시작했다.

"절령(자비령)에 목책을 설치하도록 하라!"

황주 남쪽의 절령은 서경과 개경을 잇는 길목으로 고려군의 제2 방어선이었다. 다음날 새벽 황보림이 영막으로 뛰어들며 급보를 전했다.

"적의 군사 1만과 철기 5천이 목책을 돌파하였다고 합니다!"

그러나 그 소리를 들은 안우는 태연히 밖으로 나와 부서진 목책 쪽을 바라보았다. 안우는 마치 예상했다는 듯이 서두르는 기색이 없이 조용한 어조로 말을 가져오라고 하더니 천천히 떠날 채비를 했다. 안우는 초초해하는 사위 황보림에게 굳게 입을 다물고 아무 말도 하지 않았다.

대규모 적의 새벽 기습에 놀란 고려군이 크게 무너지며 앞다투어 달아나기 시작했다. 안우는 장군들에게 갈지자로 후퇴하여 적을 피곤케 하여 후방 방어에 필요한 시간을 벌도록 지시하였다. 그 자신은 끝까지 진영에 남아 상황을 지켜보다가 마지막으로 후퇴하는 고려군의 뒤를 따라 필사적으로 말을 달리는 모습을 연출하였다. 화살이 빗발쳤다. 그 화살을 피해 도망치는 안우 장군의 뒷모습을 바라보며 홍건적은 우쭐해했다.

"으하하하! 저 우스꽝스러운 꼴 좀 보라우!"

우쭐해진 홍건적은 달아나는 고려군을 앞다투어 추격하기 시작했다.

위장 후퇴

한편 어전에서는 고려군이 후퇴하고 있다는 소식이 전해지자 김용이 기다렸다는 듯이 나섰다.

"전하, 당장 안우 장군을 파직시키십시요! 이번에는 신이 단숨에 적을 물리치고 승전보를 올리겠습니다!"

그러나 공민왕은 신뢰하는 안우 장군을 파직하는 대신 승리를 장담하는 김용을 총병관(總兵官)으로 임명했다. 총병관은 전쟁터에서 임금의 명령을 도원수에게 전달하는 직책이었다. 그리고 왕은 전선의 일은 도원수 안우에게 맡기라는 당부도 잊지 않았다. 문신으로 전선에 나가지 못하고 안우가 개선장군이 되어 돌아올 때마다 질시의 눈으로 바라보기만 하던 김용은 의기양양하여 전선으로 향했다.

도망치듯 절령 방어선을 빠져나온 안우는 속으로 쾌재를 불렀다. 드디어 모병에 필요한 시간을 벌고 적을 유인해 내는데 성공한 것이다.

홍건적은 안우의 교묘한 유인책에 이끌려 계속 남진하여 고려

땅 깊숙이 들어오고 있었다. 그들은 이미 식량이 떨어져 굶주린 채, 기진맥진 따라오고 있었다. 그들에게는 이제 젖과 꿀이 흐르는 개경이 희망이었다.

그러나 꿈에 그리던 총병관이 되어 전선으로 내달려온 김용은 엄청난 숫자의 홍건적을 직접 눈으로 목격한 후로는 도저히 맞서 싸울 용기가 나지 않았다.

요란한 말굽 소리와 함께 달리던 도원수 안우와 고려군은 문득 금교역에서 멈추었다. 금교역은 개경성에서 가장 가까운 역이었다. 안우는 모든 고려군 병력을 금교역에 집결시킨 후 우렁차게 외쳤다.

"자, 지금부터 총공격이다! 위대한 고려의 용감한 전사들이여, 모두 말머리를 북으로 돌려라!"

하늘을 찌를 듯한 요란한 함성과 북소리와 함께 고려군은 일시에 말머리를 북으로 돌리고 공격 태세를 갖추었다.

"우리 군사의 수가 너무 적어 맞서 싸울 수 없소. 후퇴합시다, 주상께 연락해 개경에 지원군을 요청해야겠소."

잔뜩 위축된 총병관 김용은 안우에게 말했다.

"적을 유인하여 여기까지 왔는데 후퇴라니요? 공격해야 합니다! 전선의 일은 제게 맡기십시오!"

안우는 소리쳤다. 그러나 김용은 얼굴이 이미 사색이 되어 안우의 말을 들으려 하지 않았다.

그리고 총병관 김용은 최영을 개경의 임금께 급파하였다.

"어서 개경에 가서 주상께 지원군을 청하라!"

개경에서 지원병이 올 때까지 모든 공격이 중지되었다. 안우는 심히 불만스러웠으나 임금의 대리인격인 총병관의 명을 거스를 수는 없었다.

최영이 개경에서 가지고 온 임금의 대답은 실망스러웠다.

'짐은 지원군을 보낼 여력이 없다.'

그러자 총병관 김용은 기다렸다는 듯 전군 퇴각을 명했다.

공민왕의 몽진

홍건적이 개경성에 바짝 다가왔다는 소식이 전해지자 겁에 질린 중신들이 남쪽으로의 몽진을 주장했다.

"복주(福州 지금의 경상북도 안동)로 떠날 준비를 하라!"

11월 19일 새벽, 공민왕과 노국공주는 태후를 모시고 황급히 남쪽으로 떠나기 시작했다.

안우 이방실 등 무신들이 달려와 개경성을 지켜야 한다고 주청하였다. 홍언박도 왕에게 개경에서 결사 항전해야 함을 주장했다. 왕과 조정이 개경에 머물러 있어야만 군의 사기가 유지되고 작전수행이 유리하기 때문이었다.

최영도 통분하여 '원컨대 주상께서 잠시 머물러서 장정들을 모집하여 종묘사직을 지켜야 합니다.'라고 크게 소리쳤다. 그러나 왕과 재신들은 서로 돌아보며 말이 없었다. 홍언박, 이암, 정세운, 경천흥, 이색 등 고작 스물댓 명의 대신들이 왕을 따라서 시야에서 사라져 갔다. 김용도 슬그머니 행렬에 합류했다.

왕이 황급히 개경을 떠나고 닷새 후에 개경성은 홍건적에 함락되었다. 굶주린 이리떼와 같은 홍건적은 개경성에 들이닥쳐 만월대를 불태우고 백성들을 불에 태워 죽이는 등 잔악한 짓을 서슴지 않았다. 피난길에 나선 공민왕과 노국공주는 개경 쪽을 바라보며 안타까워했다. 개경 쪽에서는 연기와 불길, 울부짖는 소리가 그치지 않았다.

왕의 행차가 개경을 떠나 복주행궁에 도착한 것은 12월 중순이었다. 정세운은 왕과 대신들 앞에서 큰소리로 김용을 나무랐다.

"총병관 김용이 사태를 이 지경으로 만들었으니 반드시 죄를 물어야 합니다."

김용은 그러나 꾹 참고 아무 대꾸도 하지 않았다. 김용은 이를 맞물었다.

왕은 도원수 안우를 유임시키고 총병관 김용을 해임했다. 안우에 대한 왕의 신임은 변함이 없었다. 그리고 왕은 정세운을 새 총병관으로 임명했다. 공민왕은 정세운을 새 총병관으로 임명한 후 애통교서를 반포하고, 전국에 총동원령을 내렸다.

홍건적은 개경을 점령한 후에도 성 밖으로 나와 계속 크고 작은 전투를 벌이며 약탈을 감행했다. 이에 안우가 지휘하는 고려군은 유격전으로 맞섰다. 염주에서는 검교중랑장 김장수가 홍건적에 맞서 싸워 1백40여 기를 전멸시켰다. 또 안변부에서는 홍건적 29명이 나타나자 주민들이 거짓 투항하여 술과 고기를 대접하다가 이들을 모두 쳐 죽였다. 강화부는 투항하는 척하며 음식을 대접하다 매복시켜 두었던 군사로 적들을 몰살하였다.

고려군의 유격전이 성과를 내자 홍건적은 수성작전으로 전환하고 개경 성문을 걸어 잠근 채 꼼짝도 하지 않았다. 그들은 말과 소를 죽여 온통 그 가죽을 성벽 위에 쌓아 놓고 물을 뿌려 얼음판을 만들어 사람들이 기어오르지 못하게 하였다.

시간이 흐르면서 총동원령으로 각 도에서 징집된 군사가 20만에 이르렀다. 총병관 정세운은 전선으로 떠나기 전 왕에게 아뢰었다.

"여러 장수들이 적을 잡았다고 보고하더라도 먼저 상을 의논하지 마소서. 신은 비록 적을 잡더라도 쓸데없이 자주 보고하여 번거롭게 하지 않겠습니다. 신은 크게 이긴 뒤에 그 정상을 상세하게 써서 올리겠습니다."

왕은 전 총병관 김용의 개입으로 공격의 기회를 놓친 것을 생각하고 전선으로 떠나는 신임 총병관 정세운에게 지시했다.

"전선의 일은 도원수 안우 장군에게 맡기세요."

개경성 탈환

해가 바뀌어 정월이 되었다.

총동원령으로 징집된 20만의 고려군은 최고 지휘관 도원수 안우 장군의 지휘하에 개경성을 포위하고 공격의 기회를 노리고 있었다. 이방실, 김득배, 황상, 한방신, 이여경, 안우경, 최영, 이성계 등 고려 최고의 용장들도 모두 집결하였다. 도원수 안우는 개경성 동쪽 교외인 천수사(경기도 파주시 장단면 소재)에 지휘소를 설치하였다.

쌍성총관부 회복 때 큰 공을 세운 이자춘의 아들 이성계는 친병 2천을 거느리고 전투에 참가하고 있었다. 27세 젊은 장수 이성계는 말을 잘 탔고 활을 쏘면 백발백중으로 소문이 나 있었다. 이성계는 그보다 두 살 위인 안우의 사위 황보림과 각별히 친하게 지냈다.

"계속 적이 나오기를 기다릴 수만은 없소. 적을 성 밖으로 유인하여 일전을 치르도록 합시다."

혹한 속에 전투가 없자 초조해진 총병관 정세운이 말했다.

"아직은 때가 아닙니다. 성을 지키기에 지친 적은 벌써 군기가 무너지고 진영이 흐트러지고 있습니다. 조금 더 기다려 때가 오면 고려군이 일시에 기습하면 이길 수 있습니다."

도원수 안우는 아직 때가 되지 않았음을 정세운에게 알렸다. 여우같이 교활한 적이 서투른 유인책에 속을 리도 없었다. 1월 중순이 지나자 날씨가 포근해지면서 때마침 내린 진눈깨비로 성벽의 얼음이 녹기 시작했다.

이때 숭인문 쪽을 포위하고 있던 장군 권휘가 적정을 보고해 왔다.

"홍건적 두목들과 정예병이 모두 숭인문 쪽에 모여 있는 것 같습니다. 그곳 방비가 매우 허술하고 아무런 대비 태세도 갖추어져 있지 않습니다. 적이 방심하고 있을 때 우리가 여기를 불시에 기습 공격하면 이길 수 있을 것입니다."

안우는 이 기회를 놓치지 않았다.

"드디어 때가 왔다! 총공격을 하도록 하라!"

1월 18일 새벽, 안우는 20만 고려군에 총공격령을 내렸다. 그러나 막상 전투가 시작되자 총병관 정세운은 그곳을 떠나 임진강 건너 두솔원으로 물러가 진을 쳤다. 그곳에서 전선의 상황을 파악한다는 것은 불가능한 일이었다. 전선의 일은 안우에게 일임하라는 왕의 지시를 따른 듯했다.

악천후 속에서 도원수 안우는 길고 날카로운 검을 높이 쳐들고 쩌렁쩌렁한 목소리로 외쳤다.

"위대한 대고려군이여! 적의 손에 죽은 수많은 백성의 원수를 갚고, 적을 개경에서 몰아내고 요동까지 진격하자!"

장수들의 기세가 하늘을 찔렀고 군사들의 함성이 천지를 진동했다.

요란한 북소리, 고함 소리와 함께 고려군은 일제히 숭인문으로 돌진했다. 하루 종일 싸워 도원수 안우가 지휘하는 고려군은 성안의 홍건적을 모두 무찔렀다.

이날, 안우의 고려군은 적의 괴수인 사유와 관선생, 그리고 홍건적 10만여 명의 목을 베었다. 드디어 개경성을 탈환한 고려군은 홍건적이 중원싸움에서 빼앗은 원나라 황제의 옥새 두 개와 금으로 만든 보물 한 개, 옥으로 만든 인장 세 개와 금인, 은인,

옥인, 동인과 금으로 만든 기물과 패물, 병장기 등을 노획하였다.

안우는 숭인문과 탄현문을 열어 주고 고려군 정예기병으로 하여금 10만여 명의 잔당을 계속 추격하도록 명했다.

"드디어 개경성을 되찾았다!"

고려군의 승리의 함성에 울려 퍼졌다.

"도원수님, 요동까지 갑시다!"

최영과 이성계, 황보림 등 젊고 용맹한 휘하 장수들은 주먹을 불끈 쥐며 목이 터지도록 외쳤다. 도원수 안우는 이번에야말로 홍건적의 잔당을 토벌한다는 명분으로 고려의 오랜 숙원인 요동으로 진격하고 싶었다. 광활한 요동의 바람 소리가 그의 귓전을 세차게 울리고 있었다. 그러나 군이 요동으로 북진을 하기 위해서는 공민왕과 정세운 총병관의 허락이 필요했다.

고려군이 개경성을 탈환한 후, 정세운은 전선에서 멀리 떨어진 임진강 건너 두솔원에 앉아 복주에 있는 공민왕에게 띄울 승전보를 썼다. 그가 공민왕에게 보낸 승전보는 다음과 같았다.

「승전보」

'구름처럼 군사들을 일으켜 개미떼 같이 모여든 오랑캐를 공격하여 적의 침략을 이겨낸 것은, 신 등의 공적이 아니라 이 모두가 전하의 덕분입니다…'

승전보는 전쟁을 승리로 이끈 임금에 대한 감사와 찬사로 가득 차 있었다. 그러나 전쟁터에서 혁혁한 공을 세운 장수들의 공로에 대한 언급은 보이지 않았다. 승전보 쓰기를 마친 정세운은 대장군 김한귀 등 장수들에게 승전보를 주어 복주의 행궁으로 달려가게 했다.

전쟁이 끝나면 으레 뒤따랐던 지휘관과 장수들에 대한 포상이 지연되고 있었다. 호랑이와 사자처럼 용맹하던 장수들은 전공을 도둑맞았다고 생각하며 불만을 드러내기 시작했다. 머리를 식히기 위해 안우는 잠시 영막에서 나와 밤하늘에 뜬 달을 바라보았다. 참으로 오랜만이었다. 안우는 그를 그림자처럼 따르는 황보림에게 말했다.

"빨리 월출산에 올라 환한 달을 바라보고 싶구나. 봄 철쭉, 가을 갈대, 겨울 동백, 모두 그립구나. 내 손에 피를 너무 많이 묻혔다. 고향으로 돌아가 조용히 살고 싶구나. 내 요동을 수복한 후에는 꼭 그리할 것이다."

김용의 모살 음모 - 왕의 가짜 밀지

김용은 총병관 자리에서 쫓겨나고 평소 사이가 나빴던 정세운이 그 자리를 차지하자 마음이 편치 않았다. 홍건적이 물러가면 정세운은 물론 곧 안우, 김득배, 이방실에게까지 왕의 총애를 빼앗길 것 같아 두려웠다. 기황후가 그에게 보낸 밀지가 그에게 큰 위안이 되었다.

친오빠 기철의 죽음과 집안의 멸족에 분노한 기황후는 공민왕을 제거하기 위해 곧 원의 대군을 고려에 보내겠다고 김용에게 은밀히 연락을 해 왔었다. 김용은 어서 그날이 와서 자신이 큰 공을 세우고 원의 높은 관리가 되어 마음껏 권력을 휘두르며 살고 싶었다.

'도원수 안우는 분명 원나라 요동까지 진군하려 들 것이다. 무엇보다 전쟁영웅 안우를 제거해야 한다! 도원수 안우가 없는 공민왕은 종이호랑이에 불과하다. 안우를 제거하는 길은…?'

그러나 수비가 철통같은 도원수 안우의 영막을 자객이 뚫고 들어가 안우를 죽인다는 것은 불가능한 일이었다. 그러던 그에게 문득 한 가지 계책이 떠올랐다.

'안우로 하여금 먼저 총병관 정세운을 죽이게 하고, 그 죄를 삼원수에게 뒤집어씌운다. 안우와 이방실, 김득배, 고려를 떠받치고 있는 이 막강한 삼원수를 한꺼번에 제거하는 것이다. 그다음에, 허수아비가 된 고려왕을 없애는 것이다.'

김용은 정세운과 안우, 이방실, 김득배 삼원수와 공민왕을 일시에 제거할 흉계를 꾸미며 어둠 속에서 소리 없이 웃었다.

승전 소식이 퍼져나가며 백성들은 정세운과 삼원수를 칭송하며 피난지에서 뛰쳐나와 춤추고 노래하며 기뻐하고 있었다.

공민왕은 빠른 시일 내에 도원수 안우를 만나서 은밀히 그들이 꿈꿔 왔던 북벌을 추진하고 싶었다. 한편으로 왕은 백성들 사이에 전쟁 영웅들의 인기가 높아지자 본능적으로 위기감을 느끼며 표정이 어두워지곤 했다.

승전을 기뻐하는 왕의 얼굴에서 무인시대의 재현을 우려하는 표정이 스쳐 가는 것을 놓치지 않고 본 김용은 그것을 이용하기로 했다. 김용은 개경과 복주를 잇는 왕과 도원수 안우와의 연락망을 계획적으로 차단하고 이간질을 시작했다. 그리고 숨을 죽이고 있던 부원 세력들을 재빨리 끌어모았다.

"내게 기황후께서 보낸 밀지가 있다. 기철 대감과 형제들이 도륙된 것을 원통히 생각하고 복수할 기회만 엿보고 있던 기황후께서, 드디어 군사 1만을 모아 곧 고려를 침공할 것이라고 한다. 기황후께서는 고려왕을 폐하고 덕흥군 님을 고려왕으로 세우시기로 결심했다고 전해오셨다. 힘을 내자, 우리의 등 뒤에는 막강한 원나라가 있다!"

김용은 부원배들에게 속삭였다. 이 말을 들은 부원배들은 당장 옛날의 부귀영화를 되찾은 양 기뻐하며 그에게 충성을 맹세했다. 김용의 머리는 기민하게 돌아갔다. 시간이 촉박했다.

김용은 자신이 왕명의 출납권을 가진 것을 이용해 왕의 명령이라고 속이고 다음과 같은 내용의 가짜 밀지를 작성했다.

'총병관 정세운은 본래부터 경들을 시기하고 꺼렸으며 오만방자하게 행동했다. 정세운은 그대들이 적을 무찌른 후에 경들을 모함하며 공을 혼자 차지하려 하고 있다. 안우, 김득배, 이방실 삼원수는 어명으로 즉시 정세운을 처치하라.'

김용은 정세운을 죽이라는 내용이 쓰인 왕의 밀지를 거짓으로 꾸며 자신의 조카 전(前) 공부상서 김림을 시켜 서둘러 도원수 안우에게 보냈다.

개경을 수복한 지 나흘 후.

도원수 안우는 영막에 앉아 있었다.

조금 전 휘하 장수들이 그의 영막으로 찾아와 개경성을 탈환하고 승전을 했건만 임금으로부터 아무런 상이 없다며 한바탕 불만을 토로하다 물러갔다. 최전선에서 목숨을 걸고 싸워 함께 전쟁을 승리로 이끈 장수들이었다. 곧 조정에서 큰 상을 내릴 것이라며 그들을 위로하고 보낸 안우는 이방실과 최영, 이성계와 황보림 등 몇몇 그의 측근들과 함께 북쪽으로 달아나고 있는 홍건적 잔당의 소탕 상황과 곧 있을 요동정벌에 대하여 논의하였다.

"최영 장군과 이성계 장군, 황보림 장군, 드디어 요동공격의 때가 다가온 것 같소."

안우는 주위를 둘러보며 말했다.

"모두 진군명령만 기다리고 있습니다!"

기골이 장대하고 풍채가 늠름한 최영 장군이 기개에 찬 목소리로 말했다.

"지금이 기회입니다. 당장 패주하는 적을 쫓아 압록강을 건너야 합니다!"

젊고 민첩한 이성계는 금세라도 군사들을 이끌고 요동으로 달려갈 듯이 두 눈을 형형하게 빛내며 말했다. 안우 역시 당장 요동으로 진군명령을 내리고 싶었으나 아직 왕으로부터 명령이 없었다. 인당 사건이 있어서 왕과 총병관으로부터 쉽게 연락이 오지 않는 것 같았다. 측근 장수들이 돌아가고 안우는 부원수 이방실과 함께 영막에 앉아 있었다.

이때 안우의 영막을 걷고 전 공부상서 김림이 나타났다. 드디어 임금으로부터 요동으로의 진격명령이 내려진 것으로 생각하고 안우는 반갑게 김림을 맞았다. 김림은 복주에서 급히 달려온 듯 먼지를 뒤집어쓰고 있었다.

"은밀히 처결하고 밀지는 태워버리라는 어명이십니다."

김림은 비밀이라며 안우에게 왕의 명령문을 전달했다.

또 김림은 정세운이 본시 삼원수를 시기하고 있었으므로 적들을 격파한 후에는 반드시 죽음의 화를 면하지 못할 것이라는 김용의 의견까지 전한 후 재빨리 사라졌다.

김림이 전달한 왕의 밀지를 읽어 본 안우는 아연실색했다. 총병관 정세운이 안우 등 삼원수를 시기하여 모함하며 반란을 꾀하고 있으니 밀지를 받는 즉시 정세운을 죽이라는 명령서였다.

놀란 안우는 이방실과 함께 황급히 김득배의 군막으로 갔다. 김득배 역시 임금에게서 밀지가 왔다고 하자 좋은 소식이 온 것으로 생각하고 크게 기뻐하며 그들을 맞았다.

"김용이 보내온 임금의 밀지가 이러하니, 어떻게 해야 할지 모르겠소."

안우는 조심스레 밀지를 건네며 말했다. 역시 밀지를 읽고 크게 놀란 김득배가 말했다.

"글쎄요, 홍건적을 토벌한 지 며칠도 안 되어 어찌 우리 손으로 총병관을 죽인단 말입니까? 만일 부득이한 일이라면 총병관을 체포해 주상에게로 가서 처결을 기다리는 것이 옳지 않겠습니까?"

이 또한 맞는 주장이었다. 홍건적을 평정한 지 며칠도 안 되어 함께 싸우던 상관을 죽이는 비극을 일으킨단 말인가. 안우는 이방실과 함께 큰 고민 속에서 영막으로 되돌아왔다.

해가 기울고 시간은 촉박했다. 초조해진 두 사람은 다시 김득배의 군막으로 갔다.

"밀지를 받는 즉시 정세운을 처단하라는 것은 왕의 명령이요. 우리가 비록 공을 세웠다고 해도 왕의 명령을 집행하지 않으면 그 후환을 어찌하겠소?"

승리의 기쁨도 잠시뿐, 그들은 김림이 전해주고 간 임금의 밀지를 가운데 놓고 큰 고민에 빠졌다. 너무나 황당하고 엄청난 일이 아닐 수 없었다.

정세운이 반란을 꾸밀 위인처럼 보이지는 않았다. 그러나 삼원수가 임금의 명령을 따르지 않으면, 그것 자체가 반란으로 비칠 수가 있고, 임금의 살해 명령이 담긴 밀지의 비밀이 샐 경우 정세운이 실제로 반란을 꾀할 가능성도 있었다.

해가 뉘엿뉘엿 서산을 넘어가기 시작했다. 그들의 마음이 더욱 착잡하고 조급해졌다. 왕의 주장(主將)으로서, 옥새가 찍힌 어지를 전 공부상서 김림이 직접 와서 전달해 주었는데, 더 이상 왈가왈부하고 있을 수만은 없는 노릇이었다.

"밀지를 받는 즉시 정세운을 죽이라는 것은 임금의 명이니 어명을 거역할 수가 없지 않겠습니까?"

안우의 말에 이방실이 고개를 끄덕였다. 김득배 역시 내키지 않았으나 신하된 자로서 더 이상 어명을 거스를 수는 없었다. 임금을 능멸한 죄는 죽음뿐이었다.

삼원수는 그날 밤 총병관 정세운의 공을 축하한다는 명분으로 소연을 차려놓고 정세운을 초대했다. 임금에게 승전보를 띄운 뒤라 정세운은 아무런 의심 없이 초대에 응하여 연회장에 나타났다. 정세운이 도착하자마자 기다리고 있던 낭장들이 그를 죽였다. '왕의 명령'으로 죽이긴 했으나 삼원수는 정세운의 죽음 앞에서 눈물을 흘렸다.

공민왕, 혼란에 빠지다

"총병관 정세운이 보낸 승전보가 도착하였습니다!"

복주행궁의 공민왕은 총병관 정세운으로부터 승전보를 받자 뛸 듯이 기뻤다. 특히 승전의 공을 왕 자신과 선대의 왕들에게 돌린 정세운의 승전보가 몹시 마음에 들었다.

'정말 이제 홍건적을 추격한다는 명분으로 요동정벌에 나설 때가 되었나?'

공민왕에겐 이전에 파사부를 공격했으나 원나라로부터 협박을 받아 인당 장군을 제물로 하여 가까스로 사태를 수습했던 쓰라린 기억이 있었다. 그럼에도 대규모 홍건적을 물리친 지금 노련한 명장 안우 장군을 앞세워 요동에 진출할 수 있는 기회가 다시 찾아온 것이다. 공민왕은 노국공주와 함께 그들이 꿈꾸던 대고려를 이룩할 날이 다가온 것에 가슴 설레며 뜬눈으로 밤을 새웠다.

가짜 밀서로 정세운을 죽인 김용은 안우가 개경에서 왕에게 보내는 보고를 철저히 차단했다. 복주행궁의 왕은 개경에서 일어나고 있는 일을 알 길이 없었다.

얼마 후, 장군 목충이 복주행재소로 달려와 의외의 소식을 전했다.

"전하, 개경에서 여러 장수들이 총병관 정세운을 살해하였는데 쉬쉬하며 발표하지 않고 있다고 합니다!"

청천벽력 같은 소식에 왕과 대신들은 소스라치게 놀랐다. 공민왕은 문하시중 홍언박, 평장사 김용, 경천흥, 찬성사 유탁, 추밀원사 유숙 등 제신들을 급히 불러 모았다. 승전 직후 개경성에서 일어난 뜻밖의 사태에 조정은 발칵 뒤집혔다.

"장수들이 무슨 연유로 총병관을 죽인단 말이요?"

놀란 공민왕이 목소리를 높였다.

이때 김용이 기다렸다는 듯 앞으로 나섰다.

"전하, 개경에 자중지란이 일어난 모양입니다!"

그는 애써 놀란 표정을 지으며 큰 소리로 말했다.

"이는 분명 삼원수의 반란입니다, 전하! 삼원수가 멋대로 정세운 총병관을 죽인 것입니다. 왕의 대리인인 총병관을 죽인 것은 전하를 능멸한 죄로 만세에 용납되지 못할 일입니다. 속히 안우 등 삼원수를 처형하소서!"

말을 마친 김용은 속으로 쾌재를 부르며 찬찬히 주위를 살폈다.

그때, 뭔가 잘못되고 있다고 판단한 문하시중 홍언박이 앞으로 나와 아뢰었다.

"평장사 김용은 어떤 근거로 삼원수가 정세운을 죽였다고 말하십니까? 전하, 소문의 진위를 더 살펴보셔야 합니다. 만약 이 소문이 사실이라면 분명 삼원수에게 피치 못할 연유가 있을 것입니다."

평소 전쟁터에서 목숨을 아끼지 않고 앞장서서 싸우는 안우 장군을 매우 존경해 온 홍언박이었다. 왕에게 개경을 수호하며 결사 항전해야 할 것임을 주장하던 홍언박이었다. 홍언박은 공민왕의 모후 명덕태후의 조카로 평소에도 김용과 사이가 별로 좋지 않았다. 김용은 애써 표정을 감추었다.

홍언박이 말을 마치자 그를 따르던 중신들이 일제히 어전에 나가 엎드려 아뢰었다.

"전하, 삼원수가 정세운을 죽였다는 것은 아직 모르는 일이옵고, 만약 죽였다면 필시 무슨 사연이 있을 것입니다. 홍건적을 무찌르고 나라를 구한 그들의 공이 참으로 크나이다. 삼원수의 공을 생각해서 삼원수를 처벌하지 마시고, 우선 삼원수를 불러들여 자초지종을 살피시옵소서."

공민왕이 말했다.

"그렇소. 삼원수가 정세운을 죽였다면, 무슨 피치 못할 연유가 있을 것이요. 나라를 구한 크나큰 공이 있기 때문에 그들을 처벌하지는 않겠소. 자, 소문의 진위를 알기 위하여 우선 삼원수가 하루바삐 행재소로 오도록 합시다."

김용은 삼원수를 처벌하지 않겠다는 왕의 말에 기절할 듯이 놀랐다. 그러나 임금은 삼원수를 사면하는 어지를 내리며 안우 등 삼원수를 임금이 있는 행재소로 오도록 명했다. 그러나 그 임금의 명령은 김용에 의하여 차단되어 개경에 전달되지 못하였다.

'내 말에 사사건건 반대하는 저 홍가 놈도 내가 언젠가는 죽여 버리고 말 것이다!'

김용은 홍언박을 노려보며 이를 악물었다.

그런데 얼마 후, 복주 수령 박지영으로부터 또 다른 보고가 들어왔다.

"전하, 이방실 장군이 혼자 정세운 총병관을 벨 것을 모의했고, 안우 장군도 죽임을 당했다고 합니다."

도원수 안우가 죽었다는 보고에 왕은 또다시 큰 충격을 받았다.

'홍건적을 물리치고 나라를 구한 안우 장군이 죽다니! 있을 수 없는 일이다. 홍건적 격퇴의 핵심 무장인 삼원수 사이에 내분이 일어났다는 말인가.'

왕은 다른 변란이 일어날까 두려웠다.

"당장 개경으로 군대를 보내 정세운과 안우를 해친 반역자 이방실을 토벌하라!"

왕의 노기 찬 음성이 어전을 울렸다.

이때 또 다른 전령이 숨이 턱에 닿아 헐떡이며 들어왔다.

"전하, 안우, 이방실, 김득배 삼원수가 모의해서 총병관 정세운을 살해했다고 합니다!"

여기저기서 보낸 상반된 보고에 공민왕은 대혼란에 빠졌다. 왕은 정확한 상황을 파악하는 것이 급선무라고 생각했다. 무엇보다 빨리 안우를 만나야 했다.

김용은 계속 삼원수의 처형을 강력히 주장하며 안우가 임금에게 보낸 전령들을 쥐도 새도 모르게 잡아 죽여 버렸다. 김용은 또한 임금이 안우에게 보낸 전령도 중도에서 죽여 버렸다. 그래서 왕과 안우는 연락망이 차단되어 불신과 혼란만 커갔다.

한편 개경의 삼원수는 왕의 밀지로 정세운을 죽인 후, 즉시 복주행궁의 공민왕에게 전령을 보내 보고한 후 후속조치를 기다렸다. 그런데, 이상한 일이었다. 임금으로부터 아무런 후속조치가 없는 것이었다. 또 안우가 왕에게 보낸 전령들의 행방도 묘연하였다. 누군가가 전령들을 죽였거나 보고서를 가로챘을 것 같은 의심과 더불어 불길한 예감이 강하게 덮쳐왔다.

안우, 이방실, 김득배 삼원수는 긴급히 안우의 영막에 모여 수습책을 논의하였다. 부원수 이방실과 상원수 김득배는 그들이 복주로 달려가 임금을 알현하고 진상을 규명하고 돌아오겠다고 주장했다. 그러나 안우는 만류하였다. 반란으로 비칠 수도 있고, 혼란이 커져 내전과 유혈사태로 번질 수도 있었기 때문이었다. 대신 안우는 그가 혼자 행궁으로 가 임금을 알현하겠다고 했다. 그러나 이방실과 김득배는 안우가 혼자 가는 것을 강력히 반대했다. 극도의 혼란 속에 삼원수는 이렇다 할 결론을 보지 못하고 개경에는 긴장된 시간이 흐르고 있었다.

한편 복주에는 판태의감사 김현, 상장군 홍사우가 달려와 행궁의 공민왕을 알현하였다. 그들은 총병관 정세운의 행적과 안우 장군의 뛰어난 지휘력을 적은 수십 명의 장수들의 연판장을 들고 와 왕에게 바쳤다. 뜻밖의 사태에 혼란스러워하던 공민왕은 장수들이 삼원수를 위해 마련한 연판장, 장수들의 구두보고를 듣고 사태를 파악할 수 있었다. 왕은 안우 장군의 충심을 확인하고 안도했다.

"수고했소, 제장들의 공을 내 잊지 않으리다."

왕은 그동안 흔들렸던 마음을 추스르며 장수들에게 말했다.

공민왕은 사면령과 함께 삼원수로 하여금 하루바삐 임금이 있는 행재소로 개선하라고 독촉하는 전령을 장수들과 함께 보냈다.

왕의 곁에서 삼원수의 처형을 주장하며 줄곧 삼원수가 죽기를 바라고 있던 김용은 뜻밖에 장수들이 연판장을 가지고 나타나 임금이 크게 기뻐하며 사면령과 함께 삼원수가 개선하기를 재촉하는 전령을 보내자 눈앞이 캄캄해졌다. 전령이 장수들과 함께 떠나 미처 차단할 수가 없었다.

'만약 안우가 밀지를 태워 없애지 않았다면? 그는 행궁으로 와서 분명 왕 앞에서 내가 보낸 거짓 밀지를 꺼낼 터이고, 나의 음모가 만천하에 드러날 것이다.'

김용은 등골이 오싹해지며 두려움이 밀려왔다.

'안우가 절대로 왕을 만나게 해서는 안 된다. 안우가 왕을 만나기 전에 그를 제거해야 한다.'

김용은 우선 자객을 보내 저간의 사정을 샅샅이 알고 있는 조카 김림을 먼저 살해했다. 조카 김림이 이 음모를 누설할까 두려웠던 것이다. 그리고 김용은 그의 수하 낭장을 불러 명했다.

"안우 등 반란을 일으킨 삼원수가 행궁으로 들어오면 숨어 있다가 그들을 일시에 처치하라!"

'그렇다, 영웅이 된 개선장군 안우 등 삼원수를 모두 죽이고 난 후, 덕흥군을 허수아비 왕으로 앉히면, 천하를 내 손아귀에 넣는 것이다. 평생 꿈꾸어 오던 절대권력을 향한 내 꿈이 드디어 이루어지려는구나….'

김용의 가슴은 마구 뛰기 시작했다.

개경에서 정세운이 살해된 지도 한 달이 넘었다.

임금에게서 삼원수의 죄를 용서한다는 사면령과 함께 그들을 급히 행궁으로 소환하는 어지도 전령이 전달하였다.

'삼원수를 사면하고 죄를 묻지 않겠으니, 속히 돌아와 자초지종을 고하라.'

그런데 안우는 왕의 명령서에 '사면한다'는 말이 자꾸 걸렸다.

"죄를 용서한다? 사면한다?"

무언가 크게 잘못되어 있음이 분명했다. 정세운을 죽인 삼원수의 행위는 어명을 따른 것이어서 임금의 치하를 받을 일이지,

'용서'를 받을 일이 아니었다.

'만약 김림이 들고 왔던 그 밀지가 가짜로 만들어진 것이고, 가짜 밀지로 정세운을 처단한 것이라면, 나와 이방실, 김득배 삼원수는 용서받지 못할 일을 저지른 것이 된다. 임금이 우리들을 크게 오해하고 있을 것이 분명하다. 그렇다면 해결책은 도원수인 내가 그 밀지를 내가 직접 들고 가서 왕을 만나 진실을 밝히는 것이다…. 만일 그 밀지가 왕이 보낸 것이 아닌 가짜 밀지라면, 그 가짜 밀지를 나에게 전달해 준 전 공부상서 김림을 심문하면 될 것이다.'

안우는 자신의 주머니 안에 있는 밀지를 쓰다듬었다. 그 밀지를 받은 즉시 불태워버리지 않고 보관한 것은 잘한 일이라고 스스로에게 다짐했다.

'혹, 이 길이 돌아오지 못하는 길이 될 수도 있겠구나….'

만일의 경우 일이 잘못될 경우를 생각하자 안우의 눈앞에 연로한 어머니와 어린 아들의 모습이 어른거렸다. 그러나 그는 애써 고개를 저어 그 생각을 떨쳐 버렸다.

안우의 부관이자 사위인 황보림은 곁에서 이 사태를 처음부터 지켜보며 밀지와 관련된 모든 내용을 빠짐없이 기록해 놓고 은밀히 보관했다.

고려군 기병들은 패주하는 홍건적 잔당을 소탕하면서 계속 북쪽으로 진군하고 있었다. 홍건적 잔당들이 산속으로 들어가 저항하거나 백성들을 죽이고 있어 안우는 기동력을 갖춘 기병들을 계속 보내 적들을 소탕하느라 쉽사리 자리를 비울 수 있는 처지도 아니었다.

그러나 빠른 시일 안에 삼원수의 행궁행을 재촉하는 어지가 도착하자 도원수 안우는 결심을 굳게 하고 삼원수가 함께 행궁으로 출발하기로 했다.

개경을 떠나기 전 안우는 그와 이방실, 김득배가 이끌고 갈 군사를 셋으로 갈랐다. 삼원수와 대군이 한꺼번에 임금이 머물고 있는 행궁으로 들이닥치면 혹시 반란으로 오해를 받을 소지가 있기 때문에 삼원수가 시차를 두고 조용히 이동하기로 하였다.

'평화롭고 조용한 이동이어야 한다!'

도원수 안우는 개선장군으로서 더더욱 겸손하게 행동해야한다고 마음먹었다. 떠나기 전, 안우는 주머니 깊숙이 든 밀지를 다시 한번 확인했다. 안우는 휘하 장수들의 공적도 종이에 적어 소중하게 가슴에 품었다. 혹시 있을 왕의 불안을 잠재우기 위해 안우는 임금께 올릴 사직서도 써서 함께 간직했다.

드디어 삼원수가 개경을 떠나 남쪽으로 온다는 소식이 복주행궁의 공민왕께 전해졌다. 그러자 공민왕은 기다렸다는 듯 제신들과 함께 복주를 떠나 북쪽으로 이동하기 시작했다. 공민왕은 당장이라도 개경의 궁궐로 돌아가고 싶었으나 불타버린 궁궐을 재건하기까지는 상당한 기간이 필요했기 때문에 천천히 북진하여 상주행궁으로 이동해 갔다.

안우 등 삼원수가 개경을 떠난 지 며칠 후.

"도원수 안우 장군과 군사들이 함창현(문경)으로 오고 있습니다!"

안우의 군대가 임금이 머물고 있는 상주 쪽으로 다가오고 있다는 전갈이 왔다.

"삼원수가 반란군을 이끌고 임금이 있는 행궁으로 쳐들어오고 있다!"

상주행궁에는 김용이 이끄는 부원파들이 퍼트린 헛소문이 파다했다. 도원수 안우의 군대가 가장 앞서 상주로 접근하고 있다는 보고가 들어오자 그동안 안우를 절대적으로 신임했던 공민왕은 비상사태에 대비하여 안우의 속마음을 떠보기로 하였다.

공민왕은 개선장군 안우를 환영한다는 명분으로 어주를 내리기로 하고 신하 중에서 신망이 있고 재치와 꾀가 있는 시중 유탁을 가려 안우가 오는 길목인 함창으로 내보냈다. 시중 유탁은 안우와도 가까웠고 무예에도 능해 믿을 만하였다. 임금의 명을 받은 유탁은 함창에 미리 도착해서 임금이 환영의 뜻으로 내린 어주를 상에 차려놓고 안우를 기다렸다.

얼마 안 있어 안우의 개선군대가 함창에 도착했다. 깃발은 하늘을 가리고 안우를 호위하는 장수들과 군사들은 사기충천하고 위풍당당했다. 홍건적을 격퇴하여 나라를 구하고 최영 이성계 등 휘하 장수로부터 두터운 신망을 얻고 있는 고려 최고의 명장 안우에게는 위엄과 기품이 넘쳐흘렀다.

유탁이 어명을 받고 마중 나와 기다리는 것을 본 안우는 휘하

장수들과 군사들을 멀찌감치 세워 놓고 유탁이 기다리는 곳으로 혼자 다가왔다. 유탁과 안우는 원의 장사성 전투 때 지원군으로 가서 함께 싸우던 친근한 동지였다.

"주상께서 환영의 뜻으로 내리는 어주입니다!"

시중 유탁은 꿇어앉아 개선장군 안우 장군에게 임금이 하사한 어주를 두 손으로 높이 들어 올려 주었다. 그리고 유탁은 안우에게 어주를 선 채로 받아 마시기를 청했다.

"어찌 제가 임금님께서 하사하긴 어주를 선 채로 받아 마실 수가 있겠습니까?"

안우는 얼른 그 자리에 꿇어앉더니 임금이 계신 쪽을 향해 넙죽 절을 했다. 그리고 유탁이 꿇어앉아 들어 올리고 있는 어주를 두 손으로 받아 천천히 그의 입으로 가져갔다. 설령 그 술이 그의 생명을 끊어놓을 죽음의 독주일지라도 개의치 않는다는 충성스런 장수의 모습이었다.

'가히 고려를 위해 목숨 바쳐 싸운 충신의 모습이로다!'

안우가 한달음에 어주를 마시자 유탁은 일시에 불안이 사라지며 눈물이 앞을 가렸다. 개선장군 안우에 대한 조정의 온갖 의혹과 시기 질투를 잘 알고 있었기 때문이었다. 그러나 유탁은 계획한 대로 다시 한번 개선장군 안우의 전공을 한껏 추켜올렸다.

"장군께서는 우리 삼한을 다시 수복하는 위업을 달성하셨습니다! 제가 어찌 감히 벼슬자리를 마음에 두고 이런 말을 하겠습니까… ."

개선장군 안우의 속마음을 마저 떠보기 위한 유탁의 연출된 행동을 물끄러미 바라보던 안우는 잠시 하늘을 우러러보더니 결심한 듯 말했다.

"이제 고려 땅에서 홍건적을 쫓아냈으니, 전하를 뵌 후 저는 고향 탐진으로 돌아가 쉬고 싶습니다. 저의 일은 끝난 것 같습니다."

안우의 목소리는 담담했고 모든 것을 떠난 듯 초연한 얼굴이었다. 조정에는 김용의 무리가 '안우가 왕이 되려 한다'는 헛소문까지 내고 있는 것을 유탁은 잘 알고 있었다. 안우의 충심을 확인하자 유탁은 안도하였다.

'그런데 도대체 충성스런 안우 등 삼원수는 왜 정세운을 죽였단 말인가?'

당장 안우에게 물어보고 싶었으나 노련한 유탁은 입을 굳게 다물었다. 어명을 받고 온 그의 임무는 거기까지였다. 임금은 지금 이 순간에도 온갖 악성 소문에 시달리며 안우를 애타게 기다리고 있지 않은가. 안우를 미리 만나 그의 충성심이 변함없음을 확인한 유탁은 급히 임금에게 파발을 띄웠다.

'전하, 안우 장군의 충성심은 변함없습니다. 모든 것이 기우였음을 알려 드립니다!'

큰 별이 지다

유탁을 만난 후 안우의 마음은 한결 편해졌다. 유탁은 신망이 높고 나무랄 데 없는 인물이었다. 안우는 유탁이 왕에게 그의 충심을 제대로 전달했을 것으로 믿었다.

상주에 도착한 안우는 먼저 황보림을 시켜 급히 전 공부상서 김림을 찾아오도록 하였다. 김림을 만나 김림이 개경까지 들고 온 어지의 실체와 그 배후를 확인하고 싶었다. 그런데 황보림은 의외의 소식을 들고 왔다.

“김림의 종적이 묘연하다고 합니다! 찾을 수가 없습니다!”

이 소식을 들은 안우는 큰 충격을 받았다. 김림이 실종되었다면 누군가가 그를 죽였을 가능성이 높았다. 그리고 그 배후는 그 밀지를 김림에게 준 김용일 가능성이 높았다.

‘그렇다면 김용은 왜 나에게 정세운을 죽이라는 왕의 가짜 명령서를 보냈을까? 혹시 이 모두가 군부의 총사령관인 나를 죽이기 위한 흉계가 아닐까?’

이런 생각이 들자 안우는 전율했다.

‘김용이 이 모든 사악한 음모의 배후라면, 김용의 배후에는 기황후가 있고, 그들이 노리고 있는 것은 도원수인 나와 이방실, 김득배의 삼원수, 그리고 공민왕의 목숨이겠구나…. 만일 그렇다면 반역자 김용의 음모를 백일하에 드러내고, 주상과 고려를 구해야 한다. 방법은?’

이때 안우는 불현듯 개경을 출발할 때 몇몇 부하장수들이 한 말이 떠올랐다.

“전하는 간신배들에 둘러싸여 있습니다. 전하의 눈과 귀를 가리는 간신배들을 척결해야 고려가 살 수 있습니다. 이번 기회에

도원수께서 그들을 척결해 주십시오, 저희가 돕겠습니다!"

안우는 이 분노에 찬 장수들을 겨우 말렸었다.

'한 가지 방법은, 지금 나를 따라오고 있는 이방실 장군과 김득배 장군을 기다렸다가, 김용을 사로잡아 왕 앞에서 처벌을 받게 하는 것이다. 그러나 만에 하나… 이 사건 뒤에 왕이 있다면, 이 방법은 필연적으로 왕의 제거로 이어지고, 어쩌면 고려가 다시 과거 무인시대로 되돌려질 수가 있다!'

무신정권의 폐해를 누구보다 잘 알고 있는 안우는 완강히 고개를 저었다.

'그렇다면 다른 해결책은? 무력이 아닌 평화로운 방법을 써야 한다.'

안우는 단독으로 왕을 만나 왕의 명령이라고 전달 받은 밀지를 내밀고 그 배후 인물인 김용의 처결을 왕에게 주청하여 김용을 처단하리라 마음먹었다.

'이것이 고려를 지키고 왕을 지키는 유일한 길이다….'

자신의 목숨을 잃을지도 모르는 위태로운 일이었다. 그러나 무력보다 평화로운 방법을 택해 임금께 호소하기로 굳게 결심한 안우는 하늘을 향해 자신을 도와달라고 기원했다.

상주행궁에 도착한 안우는 함께 온 장군들과 호위무사들을 모두 뒤에 남긴 채 단신으로 주상을 알현하기로 하였다. 처음부터 안우 곁에서 모든 것을 지켜보던 황보림은 그와 제장들이 안우를 호위해 모두 함께 행궁으로 들어가겠다고 우겼다. 그러나 안우는 이를 단호하게 거절했다.

단신으로 행궁문을 들어서기 전 안우는 허리에 찬 주머니를 다시 한번 확인했다. 그 주머니에는 만일의 경우를 대비해서 태워 없애지 않고 소중히 보관해 온 밀지가 들어 있었다. 안우는 어서 빨리 어전으로 들어가 주상을 뵙고 이 밀지의 진위도 알아보리라 마음먹었다.

"만일 내게 무슨 일이 생기면 빨리 피신하라!"

안우는 황보림에게 귓속말로 명령하고 단신으로 상주행궁을 들어서서 빠른 걸음으로 내전으로 향했다.

안우 장군의 도착 소식이 들리자 김용은 살그머니 어전을 빠져나왔다. 어떻게 해서든지 왕과 안우의 만남을 막아야 했다. 김용은 그의 수하 낭장을 시켜 안우를 중문으로 유인한 후 자객에게 눈짓하여 안우의 머리를 내리쳤다. 안우는 쓰러지면서도 안색 하나 변하지 않고 차고 있던 주머니를 들어 올리며 크게 외쳤다.

"뭣 하는 놈들이냐! 조금만 기다려라, 전하 앞에 나가 이 주머니에 든 어지를 바치고 난 후에 죽기를 원한다!"

안우의 주머니 속의 서신은 바로 김용이 정세운을 죽이라고 사주한 가짜 밀지였다. 기둥 뒤에 숨어 있던 김용이 다시 죽이라는 지시를 손으로 내렸다. 그러자 자객이 안우를 다시 내리쳤다.

"누구의 지시냐!"

안우는 온 힘을 모아 다시 소리쳤다. 그때 쓰러진 안우의 눈앞에 얼핏 김용의 모습이 스쳤다.

'김용, 역시 네 놈이 꾸민 음모였구나. 아아 그렇다면… 주상이 위험하다!'

안우는 마지막 힘을 모아 어전을 향해 손을 뻗으며 소리쳤다.

"전하, 반역입니다! 반역! 부디 옥체 보존하소서…."

머리에서 핏물이 솟구치며 흘러내리는 가운데 안우의 시야가 흐려지기 시작했다.

"전하… 요동을, 요동을 잊지 마소서…."

그러나 그 소리는 그의 입안을 맴돌 뿐이었다. 멀리 아슴푸레 요동벌판이 그의 눈앞에 모습을 드러냈다. 자신을 따르던 최영, 이성계, 황보림 등 용감한 고려의 장수들이 함성을 울리며 진격하고 있었다. 하늘을 향해 쓰러진 채 그것을 바라보는 안우의 입가에 희미한 미소가 흘렀다.

'나 안우 나라를 위해 싸우고 또 싸웠습니다
바다 건너 머나먼 땅 폭풍처럼 달리며
나 안우 목 놓아 어머니를 불렀습니다
이곳은 아버지 나라 어머니 땅
나 안우 이제 파아란 강물되어
출렁이며 흘러갑니다…'

이 땅을 침범한 홍건적을 격퇴하고 고려를 구한 도원수 안우, 못 이룬 요동정벌의 한을 품고 그는 그렇게 죽었다. 그 순간 하늘이 깜깜해지며 천지를 진동하는 굉음과 함께 월출산에 천둥과

벼락 돌풍, 진눈깨비가 휘몰아쳤다. 온 산이 크게 흔들리며 장군바위가 피눈물을 토해냈다.

안우가 죽었음을 확인한 김용은 안우가 죽는 순간까지 움켜쥐고 있던 주머니에서 자신이 만든 가짜 밀지를 꺼내서 재빨리 사라졌다.

공민왕은 곧 어전에 도착할 안우 등 삼원수에게 내릴 사면령을 다시 확인하는 교지를 준비하고 있었다.

'너희 삼원수가 마음대로 정세운을 죽여 몸뚱이와 머리가 떨어지게 하였으니 죄를 물어 처형할 것이로되, 지금 그 죄를 사하고 너희들을 죽이지 않는 것은 큰 공을 이루었기 때문이니라.'

공민왕은 문득 바깥에서 어렴풋이 외침 소리가 난 것 같아 잠시 멈추고 귀를 기울였다. 그러나 그 소리는 더 이상 들리지 않았다. 그러나 잠시 후 기다리던 안우는 오지 않고 김용이 불쑥 어전에 나타나서 거만하게 말했다.

"전하, 안우 등이 멋대로 총병관을 살해하였으니, 이는 분명 전하를 무시한 것이니 죄를 사함이 불가합니다…."

김용은 왕 앞에 나가 넙죽 엎드리며 말했다. 고려군을 통솔하던 도원수 안우 장군이 죽었으니 이미 천하는 그의 손안에 있었다.

"전하, 절대로 전하를 능멸한 죄를 묵과할 수 없어서, 소신이 안우를 죽였사옵니다! 통촉하시옵소서."

"뭐라?"

공민왕은 기절할 듯 놀랐다.

홍건적 토벌에 혁혁한 공을 세운 도원수 안우가 홍건적을 물리치자마자 총병관 정세운을 살해하고 연이어 김용에게 죽임을 당하는 어이없는 상황이 벌어진 것이다. 이때, 마치 약속이라도 한 듯 김용을 따르는 부원파 무리들이 우르르 왕 앞에 나와 엎드렸다.

"전하, 총병관 정세운을 도원수 안우가 마음대로 죽인 것은 전하를 능멸한 것이오라 죽어 마땅하옵니다, 통촉하시옵소서!"

"전하를 능멸한 이방실과 김득배도 속히 처단하소서!"

김용과 부원파들이 입을 모아 외치는 소리에 공민왕은 혼란스러워 아무것도 생각할 수가 없었다.

'정왜북벌을 함께하기로 맹세한 안우 장군, 남쪽 왜구를 정복하고 북쪽으로는 요동을 수복해 고려에 번영을 가져와야 한다고 주장하던 안우 장군이, 죽다니….'

피난 중에 약해질 대로 약해진 왕권이었고 왕이 모르는 사이 부원파의 세력이 의외로 크고 거세어져 있었다. 김용과 부원파들의 강압을 막을 수 없었던 왕은 마지못해 다음과 같이 교서를 바꾸어 선포해야 했다.

'이제 막 개선을 기다려 상을 주어 공로에 보답하려고 하였는데, 뜻밖에도 안우 등이 자기의 공로를 믿고 교만하고 방자해져서 짐을 대신하여 모든 일을 집행하는 총병관 정세운을 함부로 죽였으니, 이는 짐을 무시한 것이다… 임금을 능멸한 죄는 용서할 수 없으니, 이들을 죽이지 않는다면 후세 사람들에게 무엇으로써 옳고 그름을 보이겠느냐. 그러므로 도원수 안우와 원수 김득배, 이방실을 법에 따라 처벌한다. 그러나 그들의 공로를 생각하여, 그들의 부하와 처자식에게는 죄를 묻지 않을 것이다.'

사실 임금의 허락을 받지 않고 도원수를 마음대로 죽인 김용이야말로 왕을 능멸한 것이 분명했다. 그러나 이미 엎질러진 물이었다. 총신 정세운과 도원수 안우가 죽고 없는 지금 왕의 권력 기반은 축소되었고 허수아비나 다름없었다. 공민왕은 입을 다물었다.

전국에 포고문이 전해졌다.

'안우는 이미 죄를 자복하여 처단하였고, 김득배와 이방실을 체포하여 죽이는 자는 3계급을 승진시킨다!'

자신이 벌인 사기극을 완성하기 위해서 김용은 재빨리 대장군 오인택, 어사중승 정지상, 만호 박춘, 김유 등 장수들에게 김득배와 이방실을 체포하는 즉시 죽이라는 명을 내렸다.

이날 밤. 상주행궁에서 벌어진 이 참극을 모두 지켜 본 노국공주는 왕에게 말했다.

"전하, 안우 장군은 충성스런 장수입니다. 그는 억울하게 이미 죽었지만, 남은 두 원수를 심문해야만 사건의 진실을 알 수 있는데, 어찌 그들을 체포하는 즉시 죽인단 말입니까? 전하, 삼원수를 죽이지 않겠다는 전하의 교지를 무시하면서까지 김용이 안우를 살해했으니, 김용이야말로 임금을 능멸한 자입니다. 안우 장군은 위기에 놓인 고려를 구한 구국의 영웅입니다. 김용은 간교하고 위험한 인물입니다."

노국공주는 충성스런 안우 장군의 죽음에 눈물을 흘렸다. 그러나 입을 굳게 다문 공민왕은 아무 말이 없었다. 그날 밤 공민왕은 한잠도 이룰 수가 없었다.

한편 안우가 상주행궁에서 참살 당했다는 소식을 들은 김득배와 이방실은 재빨리 몸을 피했다. 그러나 이방실은 용궁현에서 김용이 보낸 군사에 의해 체포되어 죽임을 당했고, 김득배 역시 상주에서 잡히어 효수되었다. 안우, 이방실, 김득배, 홍건적 격퇴의 명장들인 삼원수가 일시에 죽음을 당한 것이다.

안우가 죽자 안우의 사위 황보림은 급히 산속으로 숨어들었다.

개선장군 삼원수가 일시에 모두 죽임을 당하니 백성들이 모두 슬퍼하고 애석해했다.

"나라를 지키던 삼원수가 일시에 다 죽었으니 고려의 앞날이 큰일이다."

왕의 특명으로 목숨만은 건졌으나 안우의 가족은 뿔뿔이 흩어졌고 10여 살 남짓한 안우의 어린 아들이 헐벗은 채로 길가에 버려져 울고 있는 모습을 본 백성들이 앞다투어 음식을 주며 눈물을 흘렸다.

"지금 우리가 편안하게 먹고 자고 하는 것은 안우 장군의 공이다."

삼원수의 죽음으로 군대와 민심이 크게 동요하자 공민왕은 안우의 어린 아들을 몰래 불러 보살피다 돌아갈 곳을 물어 보내 주었다. 또 안우 휘하의 군인들이 놀라 달아나 산과 바다로 숨거나 부둥켜안고 통곡하자 이들을 불러 술과 음식을 하사하며 달랬다.

정몽주가 삼원수의 죽음을 보고 크게 슬퍼하며 왕께 주청하여 시신을 수습하여 장사 지내고 제문을 지었다.

'…아, 하늘이시여, 지금 우리가 이 땅에서 편안히 살 수 있는 것은 누구의 공로입니까? 죄가 공보다 무겁더라도 반드시 죄를 자복시킨 뒤에 처형해야 옳은 것을, 개선노래가 그치기도 전에 어찌 칼날에 묻은 핏자국이 되게 한단 말씀입니까? 오호, 하늘이시여, 이를 어찌하리오, 이를 어떻게 하리오?'

피를 토하듯 한 정몽주의 제문은 큰 울림이 되어 고려 땅에 퍼져나갔다. 그 울림은 고려 몰락의 시작을 알리는 신호였다.

숭의전-고려 군신이 된 안우

안우 장군이 죽임을 당한 다음 해 1363년 2월, 김용은 그의 마지막 계획을 실행에 옮겼다.

공민왕은 불타버린 궁궐이 복구되기까지 상주 충주를 거쳐 잠시 개경 인근 흥왕사에 머물고 있었다. 줄곧 공민왕을 죽일 기회를 찾던 김용은 휘하의 무리 50여 명을 이끌고 야밤에 흥왕사 담을 넘어 공민왕을 시해하려고 쳐들어갔다. 김용 일당은 공민왕을 죽이려 하였으나 노국공주가 나서 이를 막았고 왕의 모습과 닮은 환관 안도치가 공민왕으로 변장하여 침상에 누워 있다 대신 죽음을 맞았다. 왕이 죽은 줄 알고 날뛰면서 만세를 부른 이들은 우정승 홍언박도 죽였다. 그러나 공민왕은 재빨리 몸을 피했고 최영이 위기에 처한 공민왕을 구해냈다.

반란이 실패로 돌아가자, 김용은 자신이 반란의 주모자라는 비밀이 누설되는 것을 막기 위해 재빨리 자신의 수하들을 모조리 죽였다. 그리고 오히려 반란 제압의 1등 공신이 되었다. 그러나 결국 그의 음모와 흉계가 낱낱이 드러나 김용은 역모죄로 극형에 처해져 사지를 잘라 각 도에 돌린 후 머리를 개경의 큰 거리에 걸었다.

기황후는 김용이 죽은 그다음 해에 공민왕을 폐하고 덕흥군을 왕으로 책봉한 후, 원의 군사 1만 명을 보내 압록강을 건너 고려를 침공하게 하였다. 고려의 자주독립을 이루어 내려는 공민왕과 원한에 찬 기황후의 최후의 대결이 벌어진 것이다. 그러나 원나라 군대는 안우 장군의 휘하였던 최영과 이성계 등에게 대패하여 도주하고 말았다.

공민왕은 안우와의 북벌 약속을 지켜 이성계 등에 요동정벌을 명했고, 한때 요동성을 탈환하기도 했다. 그러나 공민왕은 그가 의지하던 안우 등 삼원수의 죽음과 난산으로 인한 노국공주의 비극적 죽음 이후 몰락의 길을 걸었다. 고려 왕조는 점차 그 명을 다한 채 기울어져 가고 새로운 조선 왕조가 들어섰다.

안우가 죽은 후, 산속으로 피신하여 숨어 지냈던 안우의 사위 황보림은 김용이 죽은 후 왕의 부름으로 다시 군에 복귀하였다. 그 후 우왕 때 요동정벌 때는 이성계의 부원수로 참전하여 장인의 숙원을 이루려 했으나 날씨 탓에 위화도회군을 결정한 이성계를 지지하여 조선 개국의 1등 공신이 되었다. 황보림의 아들(안우의 외손자)이 단종 때 단종을 지키려다 죽은 영의정 황보인이다.

이성계의 조선 왕조는 거란 여진 홍건적 등 북방 외침을 막아 나라를 구한 고려의 16명의 장군과 충신을 기리기 위하여 경기도 연천에 숭의전(崇義殿)을 건립했다. 조선 왕조는 특별히 도원수, 안우 등 나라를 위기에서 구한 전쟁영웅을 고려의 군신(軍神)으로 추앙하여 숭의전에 배향하였다.

숭의전에는 고려 태조 왕건을 비롯한 현종, 문정, 원종의 4왕과 고려의 충신 16명의 위패가 모셔졌다. 고려 16공신은 복지겸, 홍유, 신숭겸, 유금필, 배현경, 서희, 강감찬, 윤관, 김부식, 김취려, 조충, 김방경, 안우, 이방실, 김득배, 정몽주의 16인이다. 깎아지른 절벽 밑으로 맑고 푸른 임진강이 흐르고 있는 숭의전에는, 오늘도 북벌을 외치는 안우 장군의 미완의 꿈이 바람이 되어 휘돌고 있다.

*이 소설의 등장인물과 사건은 역사를 토대로 각색하였습니다.

참고문헌: 『고려사』, 『문충공 안우 고려말 국난극복의 영웅』(이재범 외 지음/ 명지대학교 국제한국학연구소 엮음, 도서출판 선인), 『도원수 안우 장군』(안기순 저, 지식과감성), 『한국민족문화대백과사전』 등.

지느러미의 바다

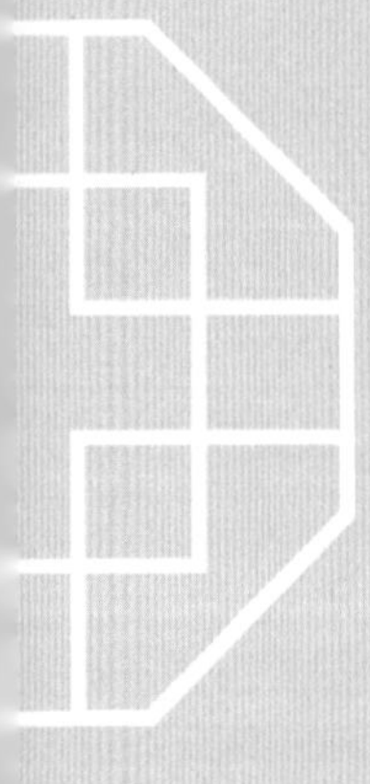
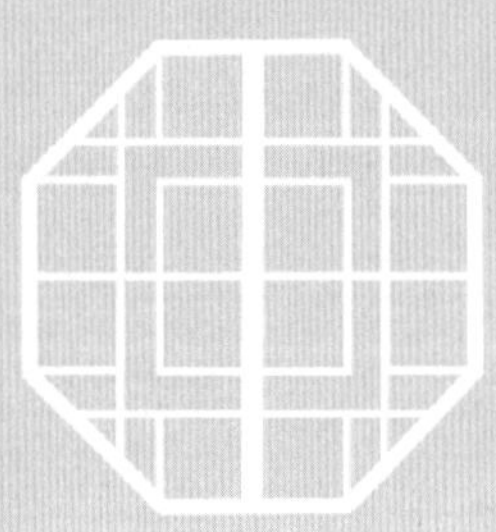

"이것 참 물 좋습니다. 싱싱할 때 한 마리 들여가이소."

오늘도 선착장의 아낙네들은 눈부신 아침 햇살을 받아 무지갯빛으로 반짝이는 물고기들을 채반에 떠 보이며 목청을 돋우었다.

미주와 진수는 오늘도 여느 때와 다름없이 아침이면 선착장으로 나가 제일 비늘이 반짝이고 싱싱한 물고기를 직접 골랐다. 오늘도 해운대 알로하장 횟집에는 손님들이 모여들기 시작했고 미주는 땀 흘리며 주방에서 일을 했다. 이따금씩 창밖으로 보이는 파란 바다가 그녀의 시선을 끌었다.

"사랑을 모르고는 위대한 예술가가 될 수 없어요. 하지만 또 고통과 함께 살아가는 방법도 배워야 할 겁니다."

멀리 보이는 바다는 죽을 때까지 춤을 추는 무희였다. 무희가 길게 몸을 뻗치고 드러누운 곳에 모래사장이 베개처럼 놓여 있고 지평선 저쪽에서 한 떼의 사람들이 몰려와 춤을 춘다. 가난과 불행, 갈등, 격정과 분노, 광증과 신비, 사랑과 숭배의 불협화음을 내며 억눌린 정열을 내보이다 급기야는 미칠 듯이 전율한다.

바닷가에 어둠이 내리고, 마지막 요리가 나가자 미주는 엄습하는 허탈감에 그만 그 자리에 주저앉고 말았다. 밤바다에서 꿈틀거리며 밀려오는 거센 파도는 이제 그녀의 머리끝까지 차오르며 철썩대고 있었다. 주방문이 열리며 진수가 들어왔다. 그는 쓰러지듯 앉아 있는 그녀를 일으켜 세웠다.

"김봉화 선생은 오늘 오시지 않는 모양이다. 아니면 한밤중에 도착하시든가."

진수는 어두운 바다를 바라보며 혼잣말처럼 중얼거렸다.

미주는 지친 몸을 이끌고 알로하장의 문을 나와 조금 떨어진 언덕배기 방갈로 집으로 올라왔다. 미주는 목욕을 하고 커피를 마셨다. 그리고는 마당으로 나와 마른 대나무 잎새를 모아 모닥불을 피웠다. 물에 젖은 긴 머리를 말리며 일렁거리는 불길에 시선을 주었다.

미주는 김봉화 선생이 왜 오시는지 짐작하고 있었다. 김봉화는 한국전쟁 때 납북된 미주의 부친 이형국의 절친한 친구로서 무용평론가였다. 『춤과 인간』이라는 무용전문지를 발행하고 있는 발행인이기도 한 그는 미주가 춤을 출 수 없게 된 현재도 이따금씩 그녀를 찾았다. 그러나 춤추지 못하는 발레리나 이미주-그녀는 무용계와 오래전에 결별했었다. 그런 그녀가 김봉화 선생을 도와 무용계 언저리에서 늙어가고 싶은 마음은 없었다.

"와 와!"

미주의 귀에 들리는 함성. 18세의 젊은 나이에 세계 정상을 차지한 베이비 발레리나 '뮤즈 리(Muse Lee)'에게 보내는 관객들의 갈채소리. 토슈즈를 신은 한국계 발레리나 이미주의 작은 발에서는 피가 배어 나왔다. 그녀는 우아하게 한쪽 다리를 굽히며

답례를 하였다.

"정말 잘했다, 뮤-즈! 최고였어!"

땀에 흠뻑 젖어 무대 뒤로 돌아온 그녀에게 두 팔을 활짝 편 발란스키는 감격에 차서 외치곤 했다.

그가 세상을 떠난 지도 어언간 십여 년.

불길이 다시 너울너울 피어올랐다.

어린 시절, 미주는 어머니의 무용연구소에서 자랐다.

어머니 임춘희 여사의 '코리언댄스 스튜디오'는 와이키키 번화가의 한쪽 구석에 자리 잡고 있었는데, 연구생이 대여섯 명 정도의 조그만 무용학원이었다. 가난과 춤과 바다가 그녀의 어린 시절 전부였다.

미국 본토를 여행하는 길에 하와이에 들른 한국 무용가들은 꼭 미주의 어머니 임춘희의 무용연구소를 찾았고, 그들은 밤새도록 6.25전쟁과 과거 무용가들의 이야기로 꽃을 피우며 사라진 고유의 춤사위들을 되살려 보곤 했다.

어머니에게서 전해 들은 바에 의하면 미주의 아버지 이형국은 대금의 명인으로 아직도 그의 변화무쌍한 대금 솜씨를 능가하는 사람이 없다는 것이다. 부친이 납북된 후 당시 미군의 통역관으로 일하던 부친의 친구 김봉화의 도움으로 어머니는 만삭의 배를 안고 배편으로 하와이에 당도하였다고 한다.

미주는 호놀룰루에서 태어났다. 열 살이 된 미주는 어머니의 온갖 동작을 거울처럼 따라하였다. 한국에서 온 무용가 손님들이 돌아가는 날이면 어머니는 혼자 잔뜩 취했고 아버지가 즐겨 불렀다는 한강수 타령을 부르며 밤새 흐느끼곤 했다.

"미주야, 우리 뉴욕으로 가서 살자."

미주가 열 살이 갓 지난 어느 날, 어머니는 불현 듯 와이키키에 있는 댄스 스튜디오를 정리하고 두 사람은 뉴욕행 비행기에 몸을 실었다. 짐이라곤 트렁크 두 개와 자질구레한 가방 몇 개, 그리고 아버지가 남기고 간 오래된 대금 하나가 전부였다.

뉴욕으로 이사 온 어머니는 어린 미주를 뉴욕의 유명한 발란스키 무용학원에 넣었다. 오디션에서 어린 미주는 처음에는 지정된 발레를 추다가 나중에는 그만 한국 춤을 추어 버렸다. 그녀는 뉴욕이 싫었고, 오디션에서 떨어지면 다시 하와이로 돌아갈 수 있다는 생각에서였다. 어머니의 얼굴이 새파랗게 변했다. 모두들 숨을 죽이고 무대를 주시했다. 이때 발란스키가 벌떡 일어나 외쳤다.

"아, 잰 어딘가 특별한 데가 있어요. 저 눈빛을 봐요."

발란스키 무용단원이 된 후도 최소한의 물질만이 허용된 비참한 나날이었다.

그러다 미주가 열여덟의 어린 나이로 스타 발레리나로 호칭되기 한 달 전 그만 어머니가 돌아가셨다.

"내 뼈를 한강에 뿌려다오."

병약한 어머니는 꺼져가는 목소리로 한 마디를 남기시곤 죽음의 긴 여정에 올랐다. 머리맡에는 아버지가 쓰시던 대금이 반듯이 놓여 있었다.

그 후 미주는 신화적인 대안무가 발란스키의 기대를 한 몸에 모으고 그녀의 전성기를 맞았다. 그러나 계속 바쁜 스케줄 때문에 어머니의 유골을 그녀의 뉴욕 아파트에 보관한 채 거의 잊다시피 하고 지냈다. 그녀가 스물한 살이 되던 해 노 안무가 발란스키가 죽었다. 시샘이 난무하는 무용단에서 슬픔에 잠겨 있는 미주의 유일한 친구는 마사지사 토미였다. 토미는 어느 날 공연 후 그녀의 지친 근육을 하나씩 풀어 주면서 말했다.

"뮤즈, 난 네가 좋아. 넌 동양인이야. 네겐 남들이 갖지 못한 매력이 있어."

미주는 화들짝 놀라 일어났다. 동양인이라 수군거림을 받으면 리허설 중에도 가슴이 철렁 내려앉곤 했는데 그 동양인이 좋다니. 그러나 토미는 거짓말을 하지 않는다. 그는 모든 단원의 사랑을 받고 있었으며 능숙한 상담자였다. 토미 자신이 '아폴로'의 주역 댄서로 춤을 추다 그만 무릎을 다쳐 마사지사로 전락한 자였다. 하루살이와도 같은 것이 발레의 세계였다.

"내일 오실 모양인가."

어느새 진수가 미주를 따라 들어 와 방갈로 집의 대문을 닫으며 중얼거렸다.

"글쎄, 아직도 역동적인 신인을 찾아 깜깜한 밤중 속을 헤매고 계신 모양이지요?"

생각에 잠겨 있던 미주는 어둠 속에서 빙긋 웃었다. 어둠 속에서 그녀는 십 년 전 문화살롱의 인터뷰를 생생히 떠올렸다. 기자는 김봉화 선생께 질문했다.

"그럼 결론적으로 선생님께서는 어떤 춤이 가장 이상적인 미래의 춤이라고 생각하십니까?"

"사실 지금까지 우리 무용인의 주된 관심은 전통춤을 어떻게 뛰어넘는가 하는 것이었지요. 소극적인 부분수정이나 조선시대나 일제치하의 감성주의적 형태에서 완전히 벗어나지 않고는 불가능합니다. 저는 요즈음도 틈만 나면 역동적 춤을 출 신인을 찾아 전국의 춤판을 돌아다닙니다. 두메산골까지도."

모닥불을 헤적이던 미주는 그녀의 맨발을 내려다보았다. 십 년 전 사고 직후에 그녀의 다리를 수술한 주치의의 말이 아련히 떠올랐다.

"그래요, 10년, 10년 후면 다시 발레를 하셔도 될 겁니다."

비록 발레계의 낙오자요, 파멸의 구렁텅이로 떨어져 버린 미주이긴 하나 김봉화를 따라 이곳을 벗어나고 싶은 마음은 추호도 없었다. 텅 빈 집 뒤쪽에는 츠르륵 츠르륵 진수의 냉수욕하는 소리만이 간간이 들릴 뿐이었다. 잠시 생각에 잠겨 검붉은 불꽃을 토해내는 모닥불을 헤적이다 미주는 아까의 상념으로 되돌아갔다.

당시 세계 최고를 자랑하는 그녀의 무용단에는 미주를 포함한 세 명의 발레리나들이 각축전을 벌이고 있었다. 그 당시 김봉화 선생이 뉴욕으로 와 잠시 미주를 만난 일이 있었다. 한국의 예술극장 측에서 그녀를 초청하겠다는 이야기를 전했다. 미주는 단번에 그것을 거절했었다. 그러나 그녀를 길러 낸 발란스키는 죽었고 분위기는 어수선했으며 경영자 측은 발란스키를 필적할 새 예술감독을 물색하는 중이었다.

'잠시 한국으로 가자. 이곳이 안정되면 그때 돌아오는 것이다. 참, 이 기회에 한국으로 어머니의 유골을 가지고 가야겠다.' 화려한 자신의 화장대 뒤에 넣어놓은 어머니의 유골을 생각하며 미주는 별안간 한국으로 되돌아간 김봉화 선생에게 승낙의 편지를 띄웠었다.

냉수욕을 마친 진수가 흰 타올로 아랫도리를 가리고 밖으로 나왔다. 십 년 전 백수건달로 빈둥대던 그의 모습은 간 곳 없었다. 그는 그녀에게 무슨 말을 할 듯 할 듯 머뭇대다 돌아서 자기 방으로 들어가 버렸다. 조금 후 어둠을 가르며 나직한 대금소리가 그의 방에서 흘러나오기 시작했다. 미주는 그만 고개를 떨어뜨렸다. 진수는 오늘 밤, 아니, 영원히 김봉화 선생이 나타나지 않기를 바라고 있을 것이다.

당시 미주의 한국공연은 대성황이었다.

열여덟에 「백조의 호수」, 「장미의 정령」, 「지젤」, 「잠자는 미녀」 등의 프리마 발레리나 역을 눈부시게 한 정열의 댄서 뮤즈리. 사람들은 그녀의 그림자라도 만져보려는 심정으로 극장으로, 극장으로 몰려들었다. 「백조의 호수」 한 장면에서 그녀의 회전이 35회를 넘어서자 관객들은 큰 소리로 그 횟수를 헤아리다 미친 듯이 열광해서 소리쳤다. 앙코르를 외치는 관객들의 성화에 못

이겨 그녀는 고별공연 때 레퍼토리로 삼은 「지젤」의 광란 장면을 잠깐 춤추었다.

“지젤은 너무 일러. 그렇게 자신을 탕진하면 앞으로 3년도 버티기 힘들거야.”

관객들이 던져 준 꽃다발을 한 아름 안고 땀에 젖어 무대 뒤로 돌아온 그녀에게 김봉화 선생은 무섭게 화를 내며 말했다. 그러나 우레 같은 갈채로 가득 찬 그녀의 귀에는 그런 소리는 들리지 않았다. 그녀는 검투사처럼 흘린 땀을 닦아 내었다. 그러나 그 3년이, 3일로 단축될 줄이야. 한 치 앞도 내다볼 줄 모르는 것이 인간의 운명이었다.

쏴아쏴아-

파도 소리는 한층 더 가까이 들려왔다. 알로하장의 네온이 꺼지는 것이 보였다. 진수의 어머니 장 여사가 이 낡은 방갈로 집을 진수와 미주 두 사람만을 위해 남겨 놓고 그녀가 경영하는 해변의 음식점으로 숙소를 옮긴 것도 수년이 지났다. 숙소를 옮기며 장 여사는 음식점 이름을 '알로하장'으로 달며 흐뭇해했다. 나직한 대금 소리에 몰두해 있는 진수에게 생각이 미치자 미주의 가슴이 예리한 비수에라도 찔리는 듯 아파 왔다. 그때 문득 다가서는 한 얼굴이 있었다.

'김준열….'

미주는 물을 찾아내어 냉수를 벌컥벌컥 마셨다. 속이 시원해지며 한결 마음이 가라앉았다. 오전 오후 틈만 나면 구름 한 점

없는 땡볕 아래 해운대 모래사장을 돌아다니지 않았던가?

미주가 김준열을 처음 만난 것은 대사관에서 미주를 위하여 열어 준 리셉션에서였다. 파리 특파원을 하다 어느 주요 신문사의 문화부장으로 귀국했다는 김준열이 그 자리에 나타났다. 미주와 김준열은 첫눈에 서로가 강렬히 이끌렸다. 화려한 리셉션장의 얼음천사상 밑에서 위스키 잔을 들고 혼자 서 있는 준열의 조금은 고독해 보이는 얼굴과 마주친 이후부터 미주와 그는 집요하게 서로의 시선을 좇았다.

"천사가 춤을 추고 있는 것 같지 않아요?"

미주는 활짝 웃으며 그에게 다가가며 물었다.

"춤을요? 그러면 그것은 저 얼음천사의 마지막 춤이 되겠군요. 곧 녹아서 없어질 테니까. 저 눈에서 반짝이는 눈물을 보아요. 정말 아름답지 않습니까?"

준열이 말했고 두 사람은 금빛 샹들리에 빛을 예리하게 반사하며 떨어져 내리는 물방울을 바라보며 소리 내어 웃었다. 미주가 일주일간의 공연을 성황리에 마치자 더욱 가까워진 두 사람은 여행을 떠났다. 걷잡을 수 없는 뜨거운 불길이 두 사람 사이에 타오르고 있었던 것이다.

그들은 부산으로 와 해운대 백사장에서 조금 올라간 언덕 위의 방갈로 집을 찾아 들었다. 반듯하고 정갈해 보이는 한식 건물에 울창한 대나무숲으로 둘러싸인 정취 있는 모텔이었다. 달빛이 찬연히 부서지는 밤바다를 바라보며 준열과 커피를 마신 후 하얀 모래를 밟으며 숙소로 들어온 때였다. 샤워를 먼저 한 미주가 잠시 텔레비전을 틀어 놓으니 김봉화 선생의 얼굴이 클로즈업되어 왔다. 문화살롱 인터뷰 시간이었다.

"현재 '아메리컨 댄스 페스티벌'의 총감독 라인할트 씨는 군인으로 한국에 와서 '참으로 황홀하고 우아한 한국의 춤'에 매료되어 미국으로 돌아간 후 미국의 댄스 페스티벌 총감독까지 된 사람이에요. 한국 춤에서 무용에 대한 개안을 한 셈이지요."

"이제 신세대를 이끌 무용가는 없습니까?" 대담자가 물었고 김봉화는 말했다.

"사실, 우리 평론가의 글이나 기록을 보면 해방 전부터 혁신적인 신세대 무용가의 출현을 기다리고 있었지요. 그러나 신세대라고 불릴 세대들이 6.25 때 이북으로 끌려갔거나 사라졌기 때문에 그 과정이 순탄하지가 못했던 것 같습니다.

신세대라고 불릴 사람들이 부재한 가운데 성인이 된 사람들이 한국전쟁 이후 신대륙처럼 내동댕이쳐진 이 땅에 제 나름대로의 깃발을 들고 나타난 상황이죠. 우리 춤에 임춘희가 두각을 나타내긴 했지만 그녀는 하와이로 떠나 버렸으니까요.

그녀의 딸이 바로 발레리나 이미주죠. 그러나 솔직히 말하자면 그녀는 발란스키 발레단의 명예를 위해 과도히 소모 당해 왔습니다. 테크닉만이 무용이 아니지요. 그럴라치면 독일서커스가 낫지요."

미주는 격분하여 텔레비전을 꺼 버렸다. 속에서 지글지글 분노가 끓어올라 그녀는 방바닥을 두 손으로 쥐어뜯었다.

"몰라, 몰라, 김봉화 당신은 몰라, 내가 얼마나 어렵게 살아왔는지를. 내가 발에서 피를 흘리며 차디찬 홀에서 연습하고 있을 때, 당신은, 당신은, 무엇을 하고 있었냔 말야…."

그날 밤, 미주는 한밤중에 눈을 떴다. 가만히 일어나 밖으로 나왔다. 잠결에 분명 무슨 소리를 들은 것 같았다. 잠시 조용하더니 다시 잠결에 들은 묘한 소리가 되살아나며 신비스런 멜로디를 바다 쪽으로 흘려보내고 있었다. 그녀는 소스라치게 놀라 우뚝 걸음을 멈추었다. 하얗게 부서지는 달빛 아래 한 청년이 맨발로 바위에 걸터앉아 피리를 불고 있었다. 알고 보니 청년은 미주와 준열이 묵던 방갈로집 주인 장 여사의 아들 박진수였다.

박진수는 미술대학을 중퇴하고 장 여사의 속을 있는 대로 썩이며 빈둥거리고 있었다. 그날 낮에도 구석방에 하릴없이 앉아 기타를 퉁기고 있던 진수는 빼꼼히 바깥을 내다보다 후다닥 일어섰다. 새로 온 젊은 여자 손님의 얼굴에서 눈을 뗄 수가 없었던 것이다. 그날 밤 왠지 지독히도 우울해진 그는 혼자 대나무 숲에 앉아 밤 피리를 불고 있었던 것이다. 미주가 서울로 떠난 다음 날 저녁이었다.

"아이고, 이 여자가 그 색시 아이가? 국제적 발레리나 이미주, 교통사고로… 중태, 고별공연은 취소. 서울 S병원에 입원 중이라…."

가슴이 철렁 내려앉은 진수는 바람처럼 달려가 어머니 장 여사가 들고 있는 신문을 왈칵 빼앗았다. 그리고 크고 검은 활자를 황급히 읽어 내려갔다. 뜬눈으로 밤을 새운 진수는 이튿날 아침 서울행 열차에 몸을 실었다. S병원을 찾아가 꽃다발을 사 들고 무작정 미주의 입원실을 방문했다.

"저… 언제 한 번 방갈로 집에 내려오이소…."

이 말을 내뱉은 진수는 황급히 발레리나 미주의 병실을 뛰쳐나왔다. 등에서 식은땀이 흘러내렸다.

"날 어떻게 생각할까? 미친놈이라고 비웃겠지, 히히히."

그러나 그는 무엇이든 한다면 하고 마는 성격이었다.

그해 겨울, 온 천지가 꽁꽁 얼어붙고 하얀 눈가루가 바다 위로 푸울풀 흩날리고 있는 어느 날 지팡이에 몸을 의지한 미주가 불편한 걸음으로 김봉화라는 노인과 함께 해운대로 내려왔다. 그날 이후, 미주는 이 세상 그 누구와도 높은 담을 쌓고 살았다. 그런 그녀의 귀에 맴도는 준열의 목소리.

"한 가지 조건이 있어. 결혼과 동시에 미주는 은퇴해 주기 바란다. 한국으로 오는 거야. 대학에서 가르치는 거지. 이따금 한국에서 공연도 하고."

"준, 난 춤추기 위해서 태어났어요. 우리 어머니는 내가 태어났을 때부터 가르치고 있었어요. 비참했어요. 난 그럴 수 없어요. 당신이 뉴욕으로 오세요."

"한국으로 오는 대신 미주의 행복은 내가 보장해 주지."

"준, 난 결혼을 위한 결혼은 혐오해요. 많은 발레리나들이 그렇게 해서 시들어갔으니까요. 좀 빨리 서울에 가야해요, 고별공연을 준비해야 해요."

준열은 더 이상 갈 수 없다며 어두운 고속도로에서 별안간 운전대를 꺾더니 휴게소 쪽으로 거칠게 차를 몰아갔다. 고별공연으로 마음이 급해진 미주는 그를 억지로 운전석 옆자리로 가게 하고 자신이 재빨리 운전대를 잡고 고속도로로 진입했다. 화려한 오케스트라의 선율에 맞추어서 그녀가 추어야 할 현란한 동작들이 그녀를 사로잡기 시작했다. 빨리 돌아가야만 하는 것이다.

"안개 지역이다, 속도를 줄이고 하이빔을 켜, 하이빔을 어서!"

생각에 잠겨 있던 준열이 놀라 소리를 지르는 순간 차는 기우뚱하고 방향을 잃고 나동그라졌다. 악, 하는 외마디 소리와 함께 운전대를 놓친 그녀의 발등을 무언가가 찌르며 들어왔고 그녀는 예리한 고통 속에 의식을 잃어갔다. 간단한 외상을 치료 받고 건강을 회복한 준열이 병실을 방문한 날 미주는 그에게 단호히 말했다.

"떠나주세요. 날 당신의 머리에서 완전히 지워 주세요. 만일 또다시 날 찾아온다면 난 그날로 죽어버리고 말 테니까요."

준열이 그녀를 진정시키려 다가오자 미주는 숨겨 놓았던 예리한 칼을 꺼내 앞가슴을 난자하기 시작했다. 미주의 팔목을 비틀어 칼을 빼앗아 내팽개친 준열의 눈빛은 핏빛보다 더 붉게 물들어 있었다. 그 후 정신병원, 먼 친척집, 호텔 등을 전전하다 미주는 조용한 은신처를 찾아 해운대 방갈로 집으로 찾아 내려온 것이다.

이제 지느러미가 잘린 물고기는 더 이상 바다로 나아갈 수가 없었다. 발란스키 무용단에서 동정에 찬 여러 가지 제의가 있긴 했지만 그녀는 받아들이지 않았다. 마사지, 의상, 토슈즈와 비슷한 부서를 하나 만들어주겠다는 것이었다. 발끝으로 설 수 없게 된 발레리나가 할 수 있는 일이 과연 무엇이 있단 말인가?

매일 떠오르는 태양, 그러나 그것은 어제의 빛나는 태양이 아니었다. 어느 날, 미주는 그녀가 소중한 옷 중에서 가장 아름답고 화려한 의상으로 갈아입고 방갈로 집을 나섰다. 다리가 제법 회복된 그녀는 태종대로 갔다. 준열과 함께 왔던 곳이다. 훠얼훨 날고 있는 갈매기떼를 바라보던 그가 문득 말했었다.

"이곳은 옛날에 한 모험심 많은 기마민족의 최후의 말발굽이 멎은 곳일 거야. 중앙아시아와 만주의 흑룡강을 건너온 가장 용감한 기마민족이지. 그들은 땅끝까지 가 보려는 강렬한 호기심을 충족시키기 위해 힘차게 말을 채찍질하며 계속 달렸을 거야. 천신만고 끝에 이 아시아대륙의 끄트머리에 도달하여 파랗게 펼쳐진 망망대해와 하얀 갈매기를 본 그들은 그제야 환희에 차서 포효했을 테지…. 그리고 그들은 최후까지 그들을 따라온 가장 강인한 여성들을 끌어안고 한바탕 역동적인 춤을 추었을 거야…."

그때 준열의 이야기에 이끌려 미주는 두 팔을 들고 탕탕 발을 구르며 춤을 추었고 그러다 두 사람을 얼싸안고 빙빙 돌았었다.

아픈 다리를 이끌고 그 지점에 도달한 미주는 태종대 푸른 물속에 깊이 뛰어들었다. 얼마를 헤엄쳐 갔을까 기진맥진한 그녀가 거센 파도에 휩쓸리기 시작했을 때 한 억센 팔뚝이 그녀를 뒤로부터 잡아끌었다. 그 억센 팔뚝은 기운차게 바위섬으로 되저어 가기 시작했다. 그녀를 먼발치에서 미행해 온 진수였다.

미주는 바위섬에 앉아 하염없이 울었다. 운명의 여신마저 그녀에게서 고개를 돌려버린 것 같았다. 그때 별안간 하늘이 깜깜해오며 어디선가 한 가닥 회오리바람이 불어와 바위섬을 온통 뒤흔들기 시작했다. 앞은 한 치도 가늠할 수 없는 안개의 소용돌이였다. 수천 마리의 용이 힘차게 선회하는 양, 서기 어린 하얀 입김을 끊임없이 토해냈고 그 소용돌이의 한가운데서 빛나는 하얀 형체가 서서히 하늘로 솟아오르기 시작했다. '구름의 탄생….'

이 대자연의 위용과 신비를 목격한 미주는 그 순간 자신을 찍어 누르던 죽음의 마수에서 벗어난 자신을 느꼈다. 죽음은 얼마나 집요하게 그녀에게 구애를 해왔던가.

죽음의 유혹이 사라진 곳에 허무가 입을 딱 벌리고 그녀를 맞았다. 패자에게는 인생이 참으로 지루하다는 것을 그녀는 깨달았다. 발길 걸어 다니다 지치면 장 여사가 경영하는 바닷가 횟집에 앉아 넋 빠진 사람처럼 바다를 응시하고 있었다. 그곳 요리사 아주머니는 말주변이 좋아 그곳을 드나드는 운전수들과 가진 농담을 주고받으며 시시덕거렸다. 사실 운전수들이 모시고 오는 손님이 적지 않았던 까닭에 장 여사도 이것을 방관하고 있었다.

"아이고, 그 여편네가 엊저녁에 곱슬머리 운전수캉 눈이 맞아 도망을 갔다 안 카나, 우짤꼬…."

하루는 장 여사가 발을 동동 구르며 들어왔다. 곧 점심때부터 손님이 몰려오기 시작했고 시장한 손님들을 빨리 가져오라고 성화를 부려댔다. 일하는 아이들은 어쩔 줄 몰라 하며 활어들을 땅바닥에 패대기를 쳐가며 비명소리를 질렀다. 이틀이 지나자 직접 주방을 맡아 일하던 장 여사가 과로로 쓰러져 버렸다. 새 요리사는 쉽사리 구해지지가 않았다. 사흘째 되던 날 저 멀리 수평선 너머 장엄한 구름밭에만 정신이 팔려 있던 미주는 주방으로 들어가 회칼을 손에 잡았다. 물고기를 한 마리 조심스럽게 손질했다. 매일 창 너머로 들여다보던 것과는 달리 생각보다 힘들었다. 손에 여러 군데 상처를 입기도 했다. 곱게 회를 뜬 생선을 당근과 오이 파슬리, 꽃과 레몬, 파인애플로 장식을 해서 나갔다.

"어 특식인데… 여기 솜씨가 일품이네."

손님들은 호화스런 장식에 왕성한 식욕을 느끼며 찬사를 발했다. 여름 겨울 할 것 없이 그 집에는 손님이 끊이지 않았다.

일하는 시간 외에는 미주는 다시 이방인으로 돌아가 해변의 온갖 유기적인 움직임을 바라보며 앉아 있었다.

벌거벗은 남녀와 어린아이들, 노동자 청년과 소녀들, 각 회사의 작은 모임, 햇볕을 즐기는 젊은이들, 잡지를 뒤적이는 사람, 모래찜질 하는 사람, 싸우는 사람, 춤추는 사람 등등. 그들은 빙글빙글 돌며 공을 차는가 하면 불꽃 튀는 선회로 달려가기도 하고, 상대를 패대기를 쳐놓고 내려다보며 조롱하기도 한다. 그러다 별안간 폭발하는 에너지로 광란의 춤을 추기도 한다. 뒤틀린

팔다리, 허공을 향해 내뻗은 두 손, 꺾어진 허리, 온갖 엉덩이의 동작, 눈짓, 손짓, 고갯짓, 그 풍요로운 율동의 보고를 미주는 마음껏 흡입하며 헤집고 다녔다.

밤이 되면 모닥불을 피우며 그녀의 의식 깊은 곳에 동작의 앙금을 가라앉혔다. 그러다 슬그머니 일어나 너울너울 그날의 동작을 온몸으로 춤추며 홀로 그 밤을 지새우곤 했다.

"진수!"

미주는 진수의 방 앞으로 가서 그를 불렀다. 방에서는 대금 소리만이 흘러나올 뿐 인기척이 없었다.

미주가 태종대에서 돌아온 날, 그녀를 방으로 데려다주고 방을 나가려던 진수는 낡은 대금 앞에서 우뚝 걸음을 멈추었다. 그 오래된 대금은 미주의 부친이 남긴 유물이었다. 미주는 그것을 진수에게 주었다. 그날 이후로 진수는 대금에 매달렸다. 나중에는 전국의 이름난 명인들을 찾아가 그들의 가락을 배워 오기도 했다.

"참깨 들깨 놀겠다는데 아주까리도 끼어 놀겠다는 거냐?"

진수의 방에서 들려오는 낯선 대금 소리에 놀란 장 여사가 혹독하게 꾸짖곤 했다.

천 년의 유구한 역사를 이어온 대금. 그 대금은 이제 미주의 가슴에 이는 온갖 풍파를 잠재우는 만파식적(萬波息笛)이었다.

방문이 열리며 진수가 굳은 표정으로 내다보았다. 박진수. 그는 여름 겨울 없이 얼음같이 찬 물에 냉수욕을 하고 푸르디푸른 대금 가락으로 자신의 뜨거운 가슴을 달래며 창조의 산실에서

너울너울 춤을 추는 미주의 신비로운 모습에 취해 홀로 밤을 지새우기도 했다.

그런 밤이면 아득한 곳에서 불어오는 바람 소리 속에서 그는 아우성과 함성, 역동적으로 힘차게 달리는 말발굽 소리와 대금보다 더 맑고 청아한 여인의 웃음소리를 듣곤 했다.

"… 광 열쇠를 갖고 계시죠? 제 발레화 좀 꺼내다 주시겠어요?"

미주는 토슈즈가 신고 싶어 견딜 수가 없었다. 10년, 10년이 지난 것이다. 김봉화 선생이 방갈로 집에 당도하기 전에 꼭 그녀의 단단하게 아문 두 발에 끼어 신어 보리라 마음을 먹은 것이다.

진수의 얼굴이 순간 굳어졌다. 잠시 머뭇거리던 그는 결심한 듯 광으로 가서 발레화가 든 상자를 꺼내왔다. 안무가 발란스키가 선물한 최고급 명품 발레화였다. 미주는 발레화를 정성스레 신었다. 마치 이 순간을 위해 10년을 기다려 온 듯이. 내면에서 흘러나오는 차이콥스키의 선율에 따라 「백조의 호수」를 추기 시작했다. 불꽃 같은 선회와 높은 도약, 정교한 발놀림과 우아한 팔동작, 오묘한 평균운동과 현란한 회전.

그러나 다음 순간 미주는 절망하듯 그 자리에 쓰러졌다. 그녀가 목숨처럼 아끼던 토슈즈를 벗어 모닥불 속에 던져 넣었다. 그녀는 타들어 가는 토슈즈에서 자신의 전신이 타들어 가는 듯한 아픔을 느끼며 고개를 저었다. 모닥불 옆에 서서 그녀를 지켜보던 진수가 방으로 들어가 무엇인가를 꺼내 들고 나왔다

"이것을 받아 줘."

그가 가슴에 안고 나온 것은 한 아름의 스케치북이었다.

미주는 토슈즈가 토해내는 널름거리는 불꽃 속에 스케치북의 그림들을 펼쳤다. 이사도라 덩컨, 아니었다. 파블로바, 마카로바, 폰테인, 그라함, 뷔그만, 그 아무의 동작도 아니었다. 그것은 진수가 밤마다 그려온 미주의 역동적 춤사위였다.

미친 듯이 스케치북을 훑어 내리는 미주의 메마른 가슴에 환희의 물결이 흘러넘치기 시작했다. 저도 몰래 황홀한 춤의 세계로 빠져들어 가는 그녀의 동작 사이로 짙푸른 대금 소리가 휘몰아 들며 그들은 혼연일체가 되었다.

활활 타는 모닥불을 배경으로 한 무희의 실루엣이 드러났다.

대금소리는 하프로, 바이올린으로 해금으로 변해가며 속삭임과 외침으로, 솟구쳐 오르는 샘물로 온누리를 촉촉이 적시고 있었다.

토슈즈의 마지막 불꽃이 기운차게 타오르며 주위를 훤히 비추었다. 불꽃처럼 타오르는 사각의 공간은 노동이요, 기도요, 축복이었다.

지느러미의 바다가 흐드러지게 웃고 있었다.

사랑의 눈물

봄 햇살이 눈부셨다.

텔레비전에서는 김치광고가 한창이었다.

"오늘뿐! 판매가 5만 3천 원! 흰쌀밥에 김치, 삼겹살! 스테이크 먹고도 김치로 입가심! 만능 팔도김치!"

영이가 운영하는 커다란 반찬가게 주방에서는 직원들이 김치와 반찬을 만드느라 분주했다. 김치 계란말이, 고등어 김치찜, 김치보쌈 등의 메뉴도 진열대에서 그 존재감을 한껏 뽐내고 있었다. 영이는 반찬 체인점 '영 맘'을 소유한 큰 부자였다.

눈코 뜰 새 없이 분주한 아침 시간이 끝나갈 무렵 영이는 무조건 차를 타고 길로 나섰다. 계기판을 보니 기름을 넣어야 했다. 가까운 주유소를 찾았다. 그 사이 셀프 주유소로 바뀌어 있었다. 기계에 대해 울렁증이 있는 영이는 망설였다. 옆에 서서 주유하고 있던 청년이 그녀가 망설이는 것을 보더니 말을 붙였다.

"도와드릴까요?"

그 청년은 친절하게 셀프 주유하는 법을 가르쳐 주었다.

"이제 기계를 친구 삼아 사셔야지요."

주유가 끝나자 젊은 청년은 웃으며 말했다.

영이는 다시 큰길로 나섰다. 길에는 벚꽃이 한창이었다. 영이는 한강을 돌아서 올림픽공원으로 차를 몰고 들어갔다. 주차장엔 차가 가득하였다. 겨우 빈자리를 찾아서 주차하고, 음식점을 찾았다. 그녀가 주문을 하려는데 식탁의 아이패드가 고장이 났는지 불이 들어오지 않았다. 한참을 두들기다 큰 소리로 종업원을 불렀다. 한참 만에 여자 종업원이 나타나 옆 좌석의 아이패드를 건네 주고 말없이 사라졌다. 영이는 그녀 자리로 달랑 한 그릇 배달된 가락국수를 먹으며 멍하니 밖을 내다보다 다시 차를 운전하여 반찬가게로 돌아왔다. 돈은 벌었지만 세상이 점점 더 공허해지는 것 같았다.

"노바디, 노바디, 탕! 탕! 탕! 내일을 향해 달려나가자! 술 한 잔에 사랑도 한 번! 친구들 모여라! 우리 잊어버린 자유 찾아 달려 나가자! 쿵짝쿵짝, 얼씨구 좋다!!"

매장 스피커에서는 계속 신세대 노래가 흘러나오고 있었다. 요즘은 젊은 손님도 많이 반찬가게를 찾았다. 영이는 눈이 오나 비가 오나 반찬가게를 맴돌며 살아왔다. 남달리 불우한 환경에 태어나 쓰러져 가는 집안을 일으켜 세우느라 연애도, 결혼도 마다하고, 남들처럼 웃을 시간도 울 시간도 없이 살아온 그녀였다.

영이는 외로울 때면 '눈물은 괴로운 것이다. 그러나 흐르지 않는 눈물은 더욱 괴로운 것이다'라는 속담은 바로 그녀 자신을 가리키는 말이라며 혼자 씁쓸한 미소를 짓곤 했다. 반찬가게가 두 번 사기를 당해 망했다가 세 번째 다시 일어났을 때 그녀의 주위에는 아무도 남아 있지 않았다.

영이의 반찬가게에서 일하다 우연히 알게 된 솜씨 좋은 순천댁과 양주댁은 매우 친해져서 하루 종일 주방에서 웃고, 깔깔거리며 일을 하고 있었다. 고마운 일이었다.

'내가 내 친구들을 만난 지가 언제였더라?'

영이는 절친이 되어 힘든 일도 웃으며 즐겁게 일하는 순천댁과 양주댁을 바라보며 이따금씩 생각에 잠기곤 했다. 영이가 마지막으로 친구를 기억하는 건 약 3년 전 절친했던 동창 미자가 전화를 걸어왔을 때였다. 영이는 그때 사기 당한 일로 정신이 없었기 때문에 '내가 잠시 후 전화할게, 미자야' 해 놓고 3년이 지난 지금까지 전화를 하지 않고 있었다.

저녁 시간이 되자 영이는 다시 밖으로 나왔다. 한참을 걸어 동네 변두리로 나왔다. 뭔가 그녀의 가게에서 파는 것과 다른 것을 먹고 싶었다. 두리번거리던 영이는 허름하고 조그만 국밥집을 발견하고 찾아 들어갔다.

국밥집에는 손님이 하나도 없었다. 벽에 붙어 있는 TV에서는 어떤 연예인이 나와서 인터뷰를 하고 있었다. 할머니처럼 허름한 옷을 걸친 늙은 주인여자가 주방에서 나왔다.

"할머니, 국밥 한 그릇 주세요."

영이는 큰 소리로 국밥을 주문했다. 오랜만에 먹는 국밥은 맛이 좋았다. 특히 김치에 넣은 젓갈 맛이 유난히 깊고 오묘했다.

'사람들은 젓갈 김치를 선호하지. 특히 그 젓갈이 자기 고향 젓갈이면 마치 옛 친구를 만난 듯 기뻐하지…. 그러고 보니 이 오묘한 김치 맛이 바로 이 작은 국밥집이 살아남은 비결이었구나….'

영이가 국밥을 맛있게 먹는 것을 보더니 그 늙은 주인여자가 영이의 주위를 서성거리기 시작했다. 늙은 주인여자는 벽에 달린 TV에서 인터뷰하는 연예인을 힐끗거리더니 별안간 그의 개인사에 대하여 이야기하기 시작하였다.

"저 사람, 마누라가 바람이 나서 엄청 고생을 했다지요."

늙은 주인여자는 마치 자기 일인 양 흥분해가며 이야기를 쏟아내기 시작했다. 자세히 보니 늙은 주인여자는 생각보다 늙지 않았다. 목소리도 청아하고 몸매도 슬림했다. 걸치고 있는 헐렁하고 허름한 옷이 그녀를 할머니로 보이게 했을 뿐이었다. 말문이 트이자 주인여자는 신이 나서 TV에 나오는 연예인이 마누라 때문에 평생 얼마나 고생을 했는지 낱낱이 이야기를 하며 입에 침을 튀겼다. 영이는 국밥을 2/3쯤 먹고 있었다.

영이 식탁의 김치가 떨어지자 주인여자는 얼른 주방으로 가더니 총각김치를 한 종지 따로 담아서 특별 서비스라며 영이에게 가져다주었다. 총각김치 역시 독특한 향미를 풍기며 영이의 입맛을 자극했다. 주인여자는 말했다.

"그런데 저 사람이 성공하자, 무명 시절 자기를 도와준 친구가 아플 때 못 본 척했대요."

영이도 총각김치 서비스가 고마워서 이따금씩 그녀의 말에 맞장구를 쳤다. 잠시 후 주인여자는 영이를 위아래로 훑어보더니, 불쑥 물었다.

"혹시, 「사랑의 눈물」이라는 첼로 곡을 아세요?"

영이는 그 유명한 첼로 곡을 들은 적이 있다고 말했다. 신이 난 주인여자는 이번에는 그 「사랑의 눈물」이라는 첼로 곡의 주인공으로 알려진 여인과 세계적인 지휘자 '보'의 불꽃 같은 사랑에 관한 이야기를 시작했다.

두 사람의 뜨거운 사랑, 세기적 결혼, 꿈같은 신혼생활, 그러다가 희귀병에 걸린 여인, 세계적인 지휘자 남편이 바람이 나서 다른 여인과 사귀고 아들까지 낳은 이야기, 여인의 비극적 죽음, 그러나 죽기까지 그 남자만을 사랑한 그녀의 순수하고도 영원한 사랑 등등을 소녀 같은 감성으로 이야기해 주었다. '지금은 남편도, 애인도, 모두 죽고 없지만'으로 끝난 그 주인여자의 수다가 영이는 왠지 싫지 않았다. 지금은 변두리 국밥집을 하고 있지만, 그 주인여자의 몸에서 풍기는 분위기가 범상치 않아서 어디서 공부했는지, 결혼은 했는지 등 물어보고 싶었으나 꾹 참았다.

영이는 계산을 하려고 카운터에 갔다. 그 사이, 손님이 한 사람 더 들어와서 국밥을 먹기 시작했다. 그 주인여자는 신용카드를 받아 처리하면서 "오랜만에 음악을 아는 사람을 만나서 행복했어요"라고 말하며 활짝 웃었다. 영이도 오랜만에 뜻밖의 대화를 해서 좋았다. 코로나가 앗아간 3년에 기계가 온통 인간을 대신하고 있었으나 인간은 아직 건재하고 있었다.

영이는 밖으로 나와 땅에 떨어진 벚꽃 꽃잎을 밟으며 천천히 돌아왔다. 낮에는 화려했던 벚꽃이 모두 땅에 떨어져 길을 환하게 밝히고 있었다.

“날씨 더워지면 입맛 떨어집니다! 새 김치도 좋지만 묵은 김치도 주문하세요! 묵은 김치찌개 한 냄비면 슬픔도 괴로움도, 눈물도 모두 모두 사라지지요.”

그녀 가게의 TV에는 또 다른 김치 광고가 요란했다. 영이는 핸드폰을 켜고 오랜만에 미자의 전화번호를 찾았다.

“나 영이야….”

3년 만에 친구에게 전화를 거는 영이의 눈에 눈물이 맺히고 있었다.

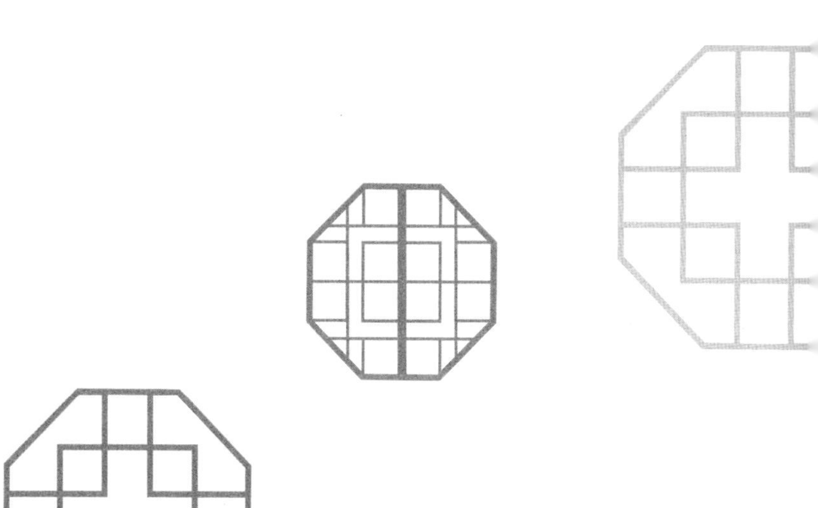

조선선비와 나폴레옹의 만남

나폴레옹 파리로 돌아오다

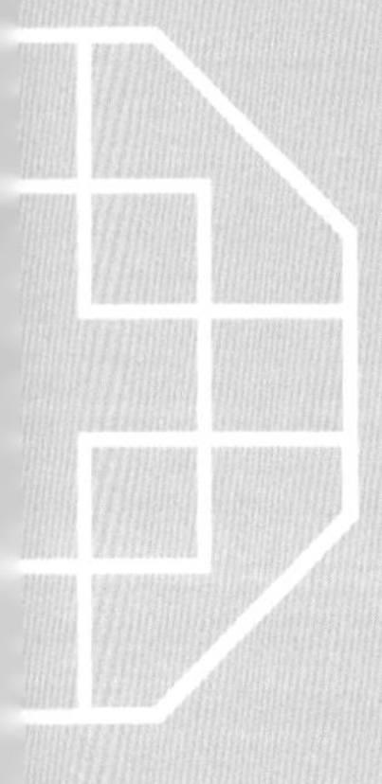

1.

1840년 5월 12일 프랑스 파리 의회.

연단으로 올라간 프랑스 내무대신이 입을 열었다.

"신사 여러분, 우리의 루이 필립 국왕께서 프랑소아 왕자님께 영국의 세인트헬레나섬으로 가서 나폴레옹 황제의 유해를 반환해 오라고 명하셨습니다."

프랑스 의회 의원들은 소스라치게 놀랐다.

의회는 찬물을 끼얹은 듯 침묵에 잠겼고 정적이 감돌았다. 얼마가 지났을까. 한쪽에서 누군가가 조그맣게 치는 박수 소리가 귓전을 울렸다. 곧이어 그 소리는 여기저기 이어지기 시작했고 이윽고 우레 같은 소리로 변해 의회를 진동했다. 나폴레옹 보나파르트, 역사 속으로 사라진 줄 알았던 그 위대한 인물의 망령이 다시 프랑스 의회 안으로 모습을 드러낸 것이다.

의회 뒤쪽 한구석에서 이 광경을 지켜본 조선선비 쌩, 그는 남몰래 안도의 숨을 내쉬었다.

'그래. 총리대신 티에르(제이 梯耳)가 이 어려운 일을 드디어 해냈군. 영국의 외무대신 팔머스턴(파무사등 帕茂思登) 경이 크게 도와주었구나. 고맙네, 나의 벗들이여.'

감격과 동시에 조선선비 쌩이 조선을 떠나 험한 뱃길 따라 프랑스 파리로 오기까지의 온갖 일들이 주마등처럼 스치고 지나갔다.

조선선비 성순교(成舜教).

영국과 프랑스인들은 그를 그의 성과 발음이 비슷한 성인(聖人)이라는 의미의 '쌩(Saint)'이라고 부르며 과분한 존경을 표했다.

조선선비 쌩, 그는 1835년에 조선의 동지사 일행을 따라 북경으로 갔다가 그곳에서 사귀게 된 영국인 러시아인과 함께 세계여행길에 나섰다. 여러 나라를 거쳐 프랑스 파리까지 왔었다.

당시 청나라 북경에는 영국인, 프랑스인, 아라비아인, 예수회신부 등 온갖 사람들이 들끓었고 재빠른 중국 상인들은 영어와 불어를 배워 양인들과 직접 거래를 하고 있었다. 쌩은 특히 언어에 남다른 재주가 있어 여러 나라 언어를 배우고 소통하던 중, 친구가 된 영국인 귀족이 자국으로 귀국할 때 여러 나라를 돌고 간다며 함께 가자고 간절히 요청하기에 따라나섰던 것이다. 배편으로 월남, 버마, 실론섬, 인도를 거친 후, 페르시아, 아라비아, 팔레스타인, 이집트를 여행하고 희망봉을 돌아 영국에 도착했고, 그 후에 프랑스로 건너왔다. 여행 도중 인도 봄베이에서 러시아인과 이별했고, 영국인 일행과 함께 아라비아에 가서 마호메트의 출생지를 보고, 또, 팔레스타인에서는 예수의 사당을 찾기도 했다.

조선선비 쌩이 따라나선 영국인은 매우 부유했고 영국 조정에 상당한 영향력을 가진 인물이었다. 평생에 한 번 할까 말까 한 세계여행의 동반자로 맺어진 조선인과 영국인, 험난한 여행 중 몇 번씩이나 서로 목숨을 구해준 은인이기도 한 이들은 형제 이상의 끈끈한 우정으로 이어져 있었다.

프랑스 내무대신의 연설은 계속되었다.

"나폴레옹 황제의 유해 반환을 위해 프랑소아 왕자님을 대표로 하는 사절단이 구성될 것이며, 나폴레옹 황제의 유해는 파리의 앵발리드에 안치될 예정입니다. 프랑스! 위대한 프랑스만이 나폴레옹 황제의 유해를 소유할 권리가 있습니다!"

또다시 열렬한 환호성이 의회를 진동했다. 나폴레옹의 유해가 안치될 앵발리드는 루이 14세가 부상병을 위해 지은 유서 깊은 건물이었다. 나폴레옹 황제의 유해를 파리의 앵발리드로 옮기는 비용으로 1백만 프랑이 만장일치로 채택되었다. 나폴레옹 황제의 유해 반환을 위해 2백만 프랑을 모으자는 외침도 있었다.

의사당에서 이것을 지켜보며 조선선비 쌩은 북경에서 세계여행길에 오를 때 그의 장도를 걱정해 주던 조선의 동지사 서장관의 근심 어린 표정이 눈앞에서 어른거렸다. 조선의 청백리 집안의 후예요, 부마 홍현주와도 가깝게 지내며 조선의 미래를 걱정해 오던 쌩은 아예 직접 서양을 체험해 보기로 하고 목숨을 건 나그네 길에 나섰던 것이다.

그는 런던에서 그 영국 귀족 친구의 소개로 외무대신 팔머스턴(Palmerston)경을 만날 수 있었다. 영국 민족주의자의 상징인 팔머스턴경은 케임브리지대학 출신으로 학식이 뛰어나고 동양의 시가(詩歌)를 좋아했으며 영국 조정에서 최고의 정치력을 발휘하는 인물이었다. 그러나 복잡한 정치보다 문학을 더 좋아한다는 팔머스턴경은 성격이 대단히 너그러웠고, 쌩이 조선의 시가를 읊자 찬탄을 아끼지 않았다. 그는 쌩의 높은 안목과 고매한 인격, 놀라운 학식 등에 무한한 관심을 표했고, 국적을 뛰어넘은 신뢰가 그들 사이에 쌓여갔다.

그리고 쌩이 조선의 예의 바른 장례풍습과 그의 어머님이 돌아가셨을 때 삼 년간 무덤을 지키며 시묘살이를 했다는 얘기를 하자, 팔머스턴경은 '조선은 배울 점이 많은 훌륭한 나라'라며 경탄을 금치 않았다. 쌩은 팔머스턴에게 '프랑스의 황제 나폴레옹의 유해를 영국의 세인트헬레나섬에 방치하는 것은 조선의 법도에서는 있을 수 없는 일'이라는 말도 여러 번 했다. 쌩은 가는 곳마다 런던의 정치가와 귀족들에게 동방예의지국 조선의 충과 효, 예에 관한 이야기로 꽃을 피워 쌩의 인기가 높아만 갔다.

해가 지지 않는 유럽 최강국 영국은 불가능한 것이 없어 보였다. 쌩이 본 입헌군주국 영국은 빅토리아 여왕 밑에서 질서 있게 돌아가고 있었다. 프랑스 황제 나폴레옹의 몰락 이후 영국은 더욱 강성하여졌고 유럽, 아시아, 아메리카, 아프리카 등 세계 곳곳에 수많은 식민지를 소유하고 있었다.

또 영국 해군은 프랑스, 스페인, 네덜란드, 덴마크 등의 해군을 격파하여 제해권을 장악해 세계의 바다를 지배하고 있었다. 조선선비 쌩은 입헌군주국 영국의 여러 제도의 장단점을 직접 보고 들으며 밤마다 연구에 몰두했다.

이후 영국 외무대신 팔머스턴경 등이 친절하게도 소개장을 써주어 쌩은 어려움 없이 프랑스 파리로 건너와 프랑스 총리이자 외무대신인 아돌프 티에르(Adolphe Thiers)를 만날 수 있었다. 아돌프 티에르, 그는 정치가요, 언론인이고, 이름난 역사학자였다.

티에르와 몇 차례 만나 가까워진 쌩은 대담하게 마음을 먹고 파리의 한 대신들의 모임에서 티에르에게 말했다.

"당신네 나라 프랑스가 온갖 황폐한 상황이 모두 다 부흥되었는데도 나폴레옹 황제의 묘소를 왜 아직까지 영국의 섬 세인트헬레나에 두고 있는지요?"

티에르는 '이는 진실로 우리들의 책임이지요'라고 대답하며 골칫거리라는 듯 고개를 설레설레 저었다.

"그 고집불통 영국이 돌려줄 리가 있나요? 그러잖아도 영국 섬 세인트헬레나에 있는 프랑스의 나폴레옹 황제의 묘소를 반환하는 문제로 몇 년째 영국과 입씨름 중이지요. 이제 자존심이 상해서 말도 꺼내기 싫답니다. 불가능해요."

그러나 얼마 전까지 영국 외무대신 팔머스턴경 등과 뜨거운 우정을 쌓고, 나폴레옹에 대한 그쪽 정서까지 파악하고 프랑스 파리로 건너온 쌩이었다.

"어쨌든 지금까지 프랑스 황제의 묘를 영국의 세인트헬레나에 방치해 두고 있다는 것은 심히 잘못된 일이지요. 영국인들도 이젠 세월이 흘러 정치 상황이 많이 바뀌어 옛날같이 고집부리진 않을 것입니다. 그쪽도 자존심이 있는데 먼저 이야기를 꺼낼 수는 없는 일이니까 이쪽에서 슬그머니 돌려 달라고 편지해 보세요."

쌩이 큰 소리로 말했다.

"아니 동양에서 온 제삼자인 조선 사람이 어찌 이 복잡한 문제에 그렇게 관심이 많은가요?"

티에르가 물었다.

"허허허, 조선은 역사가 반만년이나 되는 찬란한 문화강국에, 동방 최고의 예의지국이지요. 그러니 이런 복잡한 문제에 조언을 해 줄 만도 하지요."

그리고 쌩은 조선에 대해 많은 이야기를 해 주었다. 조선은 배달민족으로서, 단군시대부터 프랑스 혁명의 자유 평등 박애와 아주 비슷한 '홍익'이라는 인간존중의 사상을 가진 나라라고 역설했다. 조선선비 쌩에 대한 의구심이 존경심으로 바뀌면서 프랑스 총리 티에르의 머리에는 반짝 불이 켜지는 느낌이 들었다.

'쌩이 큰소리를 치는 것을 보니, 혹시 그 약삭빠르고 잘난 척하는 영국인들이 이 조선인 쌩에게 뭔가 진심을 털어놓은 것은 아닐까? 입씨름에 지쳐 이제 말조차 꺼내기 싫은 이 나폴레옹 황제의 유해반환 문제를 조선에서 온 이 작고 낯선 인물이 거론하다니! 그렇다면, 이제 자존심을 접고, 슬슬 루이 필립 왕께 한번 이야기를 꺼낼 때가 된 것 같군.' 티에르는 고개를 끄덕이며 의미심장한 미소를 지었다.

애초에 북경을 떠나 해상 실크로드를 따라 길고도 험난한 여행을 하던 때, 조선선비 쌩은 배에서 다양한 영국 사람을 만날 수 있었다. 귀족, 정치가, 작가와 시인, 종교인 등. 어떤 영국인은 10개 국어나 한다고도 자랑을 하기도 했다. 또 어떤 탐험가는 자신은 세계 일주 여행 중이라고도 했다.

그들은 기나긴 항해 중에 배에서 많은 이야기를 하며 지루함을 달래곤 했다. 그들은 청나라의 궁전을 구경했던 이야기를 했고 중국이나 동남아에서 가져온 진귀한 물건들을 보여주기도 하였다. 그런데 영국인들은 둘러앉으면 그들이 이긴 전쟁 이야기나 나폴레옹에 대한 이야기를 즐겨 했다. 한 영국 여행가는 어느 영국 선장이 조선을 방문한 이야기, 나폴레옹을 만난 이야기를 늘어놓았다.

"그 선장은 조선을 탐사하고 돌아가는 길에 태풍을 만나 잠시 조선의 연안에 피신한 적이 있었답니다. 그때 조선의 관리들이 배에 올라와서 샅샅이 조사를 하고는 보내 주었다고 해요. 물론 말도 안 통했지요. 영국으로 돌아오던 중 그 호기심 많은 선장은 뱃머리를 돌려 나폴레옹이 유배되어 있다는 세인트헬레나로 향했다고 해요. 그 별난 선장은 그가 조선에서 본 사람, 옷, 모자, 집을 그림으로 그려 나폴레옹에게 보여 주었다고 해요. 나폴레옹은 그 그림을 보고 매우 감탄했다는군요. 특히 조선인의 흰수염, 긴 담뱃대, 기다란 옷자락에 매료되었던 것 같대요. 커다란 모자(갓)도 좋아했다고 합니다. 그것이 얼마나 하느냐고까지 물었대요. 만일 그가 또다시 황제가 되었었다면 그런 옷을 만들어 입었을는지도 모르죠. 그는 매우 파격적인 '자유주의 황제'로 유명했으니까요. 하하하."

그들은 모두 웃었다. 파도가 치자 사람들은 삼삼오오 짝을 지어 카드놀이를 하러 선실로 들어갔다. 갑판에 남은 사람들은 위스키를 마시며 기나긴 해상여행의 지루함을 달래고 있었다.

"그런데 나폴레옹이 그 별난 선장에게 조선은 참으로 평화스러운 나라 같다며 그가 다시 유럽을 통일하면 조선을 꼭 한번 가 보고 싶다고 말했답니다."

그 여행가가 말했다.

'나폴레옹은, 어떤 평화를 조선의 하얀 옷자락에서 느꼈을까…?'

이런 생각을 하던 쌩의 눈앞에 깊은 잠 속에 빠져 있는 조선이 슬프고 가슴 아프게 다가왔다.

쌩이 조선을 떠나오기 2년여 전, 조선에서는 8살의 헌종이 왕이 되었다. 실권은 할머니인 순원왕후에게 있었다. 흉년이 들어 전염병이 창궐했고 굶주림에 떠도는 백성들이 급격하게 늘어났다. 외척 간에는 암투가 벌어졌고, 모반이 끊임없이 일어났고, 왕권은 격심하게 흔들리고 있었다. 어린 왕 헌종은 물론 조정 대신들은 조선 주변의 세계 정세가 급격하게 변하고 있다는 사실을 몰랐으며, 다가오는 서구 열강 세력에 대하여 아무런 대응책도 마련하지 못한 채였다.

항해 도중, 하루는 수염이 덥수룩한 배의 선장이 선장실에서 나오더니 손가락으로 푸른 파도 너머 아득히 먼 서쪽을 가리키며 쌩에게 말했다.

"나폴레옹은 저 너머 우리 영국의 외딴섬 세인트헬레나에 묻혀 있소. 왜 프랑스인들은 자기 황제의 무덤을 저런 섬에 방치해 두고 있는지 모르겠소… 쯧쯧쯧."

"선장, 잠시 이 배가 뱃머리를 돌려 세인트헬레나에 들러서 갈

수 있을까요?"

쌩은 물었다. 프랑스조차 찾지 않는 실패한 영웅 나폴레옹에 대해 알 수 없는 연민이 일었다. 섬에 외롭게 누워 있는 무덤가에 꽃이라도 한 송이 놓고 오고 싶었다. 사람 좋아 보이는 선장은 머리를 저었다. 너무 멀어 안 된다는 것이었다. 그 역시 한 번 가 보고 싶지만 못 가 보았다며 아쉬워했다. 쌩은 일찍이 나폴레옹의 이야기를 듣고 관심을 가졌지만 본고장 사람들로부터 직접 이야기를 들으니 더욱 새롭고 흥미로웠다. 항해에 지친 사람들의 이야기는 연일 계속되었다.

"우리 영국에서는 나폴레옹을 쳐부수고 워털루 전쟁을 승리로 이끈 웰링턴 장군이 영웅이지요. 그러나 우리 웰링턴 장군은 나폴레옹이야말로 진실로 영웅이라고 말했답니다. 비록 저렇게 세인트헬레나에 묻혀 있지만, 프랑스에서는 아직도 많은 시민들이 나폴레옹을 진정한 영웅으로 생각하고 있답니다."

"그런데 조세핀을 미워한 나폴레옹의 어머니는, 노트르담 성당의 대관식에 참석하지도 않았데요."

"나폴레옹의 장인 오스트리아의 프란츠 1세가, 앞장서서 나폴레옹을 공격했대요. 그리고 그의 딸이자 나폴레옹의 부인인 마리 루이즈 황후와 아들 나폴레옹 2세가, 나폴레옹을 만나지 못하도록 오스트리아로 데려가 버렸다고 해요."

"부인 마리 루이즈에겐 이미 딴 애인이 생겨 남편 나폴레옹과 함께 살 생각이 없었다구요."

해풍을 맞으며 아득한 수평선을 바라보며 사람들은 이런저런 이야기로 수다를 떨었다.

"이제 죽은 지도 오래되었고 세계정세도 많이 변했는데, 프랑스의 황제인 나폴레옹이 더 이상 영국의 세인트헬레나섬에 묻혀 있을 필요가 있을까요? 프랑스인들의 분노만 쌓일 텐데요."

문득 조선선비 쌩이 유창한 영어로 끼어들었다.

"그러게 말이요, 나폴레옹의 유해를 빨리 프랑스로 옮겨 갔으면 좋겠어요."

"우리 영국에 아무런 득 될 것이 없어요."

사람들은 한마디씩 하며 고개를 끄덕였다. 그리고는 별 관심 없다는 듯이 뿔뿔이 선실로 흩어졌다. 배는 파도를 헤치며 망망대해를 나아가고 있었다.

의회 연단에서 프랑스 내무대신의 연설은 더욱 열띠게 진행되고 있었다.

"나폴레옹은, 위—대한 우리 프랑스의, 자랑스러운 황제이십니다!"

조선선비 쌩은 프랑스 의원들의 상기된 얼굴 표정을 바라보다 조용히 의사당 밖으로 나왔다. 나폴레옹 황제의 유해를 반환해 온다는 사실이 퍼져나가자 파리의 거리는 흥분의 도가니로 변했다.

"루이 필립왕 만세! 아돌프 티에르 총리 만세! 아아, 나폴레옹이 드디어 조국으로 돌아와 영원한 안식을 취하게 되었다!"

샹젤리제는 들끓고 있었다. 흥분한 파리의 시민들은 낮에는 길에서 밤에는 술집에서, 큰 소리로 노래 부르며 그들의 영웅 나폴레옹이 돌아온다는 기쁨에 취해 있었다.

그 이후에도 쌩은 틈틈이 총리 티에르의 집무실로 찾아가 장시간 이야기를 나누곤 했다. 『프랑스 혁명사』 10권을 쓴 이름난 역사학자이기도 한 티에르는 키가 작고 평범해 보였으나 대단한 웅변가요 토론가였다.

"나폴레옹 몰락 이후 프랑스는 루이 16세의 동생들이 돌아와 차례로 즉위하여, 언론탄압, 자유탄압, 선거권축소 등 과거로 되돌아가려 했고 시민들은 1830년 7월 다시 혁명을 일으켜 새 왕을 추대했는데 이때 왕위에 오른 이가 지금의 왕 루이 필립이죠. 자유 평등 박애로의 외침은 높아만 가고 루이 필립은 왕족이지만 프랑스 대혁명의 이념을 지지하겠다고 공언해 시민들의 지지를 받았지요…. 프랑스는 산업화가 되었으나 이익은 가난한 사람들에게 돌아가지 않고 있어요. 자유를 위해 싸우던 시민들을 빵을 위해 싸우다 죽어야 할 처지가 됐죠. 도처에 거지와 술주정뱅이, 매춘부에 시민들의 바리케이드는 높아만 가고 있고."

나폴레옹에 관해서도 방대한 자료를 수집해 놓고 있던 총리 티에르는 쌩에게 많은 이야기를 강의하듯 해 주었다. 나폴레옹 몰락 이후 프랑스는 갈수록 어려워 보였다. 쌩은 정치적으로 힘든 여건에서도 나폴레옹의 유해반장을 강력하게 추진한 프랑스 총리 티에르의 용기와 능력에 감탄했다.

나폴레옹의 반장(返葬)에 관한 공식 발표가 있은 후, 쌩은 바삐 돌아가는 프랑스 정가의 움직임을 뒷전에서 조용히 바라보며 어서 빨리 나폴레옹이 고향으로 돌아와 영원한 안식을 취하기를 기원했다.

그는 많은 인재를 배출했다는 유서 깊은 파리대학도 가 보았고, 나폴레옹의 대관식이 있었다는 파리 중심가의 노트르담 성당도 방문했다. 프랑스 대혁명의 주역들이 대부분 무신론자라 프랑스 신부들은 많이 위축되어 있었다.

쌩은 오후면 센강의 바람을 맞으며 산책을 했다.

하루는 산책 중에 오르간 소리가 흘러나오는 성당엘 들어가 보았는데 제대 위에는 검은 수단을 입고 있는 선교사들과 사제들이 모여 있었다. 주위에 있던 한 사제에게 물으니 그곳은 파리 외방전교회로 그 검은 수단의 선교사들은 멀리 배를 타고 다른 나라로 파견되는 사제들이라고 했다.

"우리는 이미 동양의 작은 나라 조선에도 사제를 파견했고, 앞으로도 계속 갈 것입니다."

그 사제는 말했다.

날이 갈수록 온 프랑스는 나폴레옹에 관한 이야기로 터질 지경이었다.

"나폴레옹이 프랑스로 돌아온다!"

"영웅 나폴레옹이 조국으로 돌아온다!"

"나폴레옹 보나파르트, 프랑스 대혁명을 완수한 위대한 황제!"

"내 사전에 불가능은 없다던 그의 말이 사실이 되었네!"

파리의 시민들은 모두가 연인처럼 서로를 끌어안고 기뻐하고 있었다.

2.

1840년 7월 7일.

프랑소아 왕자와 사절단을 태운 프랑스의 대형 군함 라벨폴(La Belle Poule)호는 프랑스의 황제 나폴레옹 황제의 유해를 모셔오기 위해 영국의 세인트헬레나섬을 향해 출발했다. 나폴레옹 황제의 유해를 모셔올 라벨폴호는 그동안 리모델링도 하였다. 촛불이 켜진 교회가 선미 선실에 지어졌고 선체는 온통 검은 벨벳으로 덧씌워졌다. 항해는 93일 동안 계속되었다.

드디어 10월 8일.

영국의 세인트헬레나섬에 도착한 프랑스 사절단은 다음날 하선해서 나폴레옹이 살았던 시골집으로 갔다. 그 섬의 영국 총독 미들모어 장군은 프랑스 사절단에게 나폴레옹 황제의 유해는 10월 15일에 프랑스에 넘겨질 것이라고 통보하였다.

나폴레옹이 살던 시골집의 벽은 금이 갔고 낙서로 뒤덮여 있었다. 나폴레옹의 침실은 마구간으로 변해 있었고 그가 관리하던 정원에는 양이 사육되고 있었다. 거실문을 열고 안으로 들어가니 바닥에 거름이 잔뜩 쌓여 있었고, 모든 것이 썩어 문드러지고 있었다.

프랑스 사절단은 모욕 받은 느낌에 모두 분개하며 모두가 나폴레옹 황제가 묻혀 있는 장소로 향했다. 무덤은 낡은 철제 담장이 쳐져 있었고 늙은 영국 하사관 하나가 지키고 있었다. 무덤 근처에 당도하자 프랑스 대수도원장이 무릎을 꿇었고, 모두들 그대로 따라했다. 무거운 침묵이 이어졌다.

10월 15일.

묘지 옆에는 희고 푸른 줄이 새겨진 대형 텐트들이 쳐졌고 환하게 횃불을 켠 채 영국군 주도하에 나폴레옹의 묘지 발굴이 시작됐다. 우선 무덤을 둘러싼 단단한 석조 구조물을 제거하는데 많은 시간이 흘렀다. 특히 시신의 훼손을 방지하기 위해 관을 땅속 깊숙이 묻어 놓았던 터라 파내는 데만 9시간 이상이 걸렸다.

드디어 모습을 드러낸 나폴레옹 황제의 관. 그 관에는 다음과 같은 글자가 금으로 새겨져 있었다.

'나폴레옹, 왕이요, 황제, 세인트헬레나에서 1821년 5월 5일 사망'

프랑스 사절단으로 간 대수도원장이 십자가를 높이 들고 나폴레옹 황제의 관 앞으로 걸어갔다. 드디어 황제의 육중한 관 뚜껑이 열렸다.

나폴레옹 황제는 형체가 다소 변하긴 했지만, 평소에 즐겨 입던 빨간 단으로 장식된 초록색 군복 차림에, 프랑스에게 결정적 승리를 가져다준 마렝고 전투 때 입었던 잿빛 외투에 덮여 있었다. 그의 주검을 보자 모두 감정을 억누르지 못해 여기저기서 흐느낌이 터져 나왔다.

이윽고 조총이 발사되었다. 영국이 드디어 프랑스에 나폴레옹 황제의 유해를 반환한 것이다.

나폴레옹 황제의 관은 프랑스의 전함 라벨폴로 옮겨졌다. 이렇게 나폴레옹은 다시 프랑스 깃발 아래로 돌아왔다.

사절단으로 간 프랑스 동지들은 외쳤다.

"이런 수치가! 황제는 이 저주받은 땅을 빨리 떠나야 한다!"

10월 18일, 나폴레옹의 유해를 실은 라벨폴함은 세인트헬레나를 영원히 이별하고 프랑스로 향했다.

12월 14일, 프랑스에 도착한 나폴레옹의 유해는 센강을 따라 파리에 도착했다.

12월 15일 장례식 날, 엄청난 환영 인파가 거리로 쏟아져 나왔다. 그러나 국왕 루이 필립과 의회의 의원들, 귀족과 대신들은 시민혁명의 영웅이요 자유주의 황제 나폴레옹의 망령이 되살아날까 봐 두려움에 떨었다. 그들은 그들이 만든 각본에 따라 조용히, 그러나 기민하게 움직이기 시작했다. 거리로 뛰쳐나온 파리의 시민들이 동요하기 전에 나폴레옹 황제의 유해를 가능한 한 빨리 앵발리드로 옮겨야 했다.

오전 10시 30분.

웅장하게 장식된 나폴레옹의 유해를 실은 장례마차가 파리 거리를 행진하기 시작했다.

"나폴레옹 황제 만세! 위대한 나폴레옹 만세!"

열광한 파리의 시민들은 나폴레옹의 관을 무겁게 뒤덮고 있는 주름진 비단 상장에 키스하기 위해 장례마차로 달려들었다. 파리 시민들의 오열 속에 나폴레옹 황제의 유해를 실은 장례마차는 쉴 새 없이 나아가 개선문을 지났다. 이어 나폴레옹의 장례마차는 재빨리 샹젤리제를 통과했다. 미처 다가가지 못한 시민들의 외침과 울음소리가 터져 나왔고 수많은 파리지앵들은 그 자리에서 무릎을 꿇고 성호를 그었다. 길가 지붕들은 시민들로 뒤덮여 있었다.

그러나 파리의 중산층들은 싸늘한 시선으로 창밖으로 지나가는 나폴레옹 황제의 유해를 실은 장례마차를 바라보았다. 나폴레옹, 그는 수많은 전쟁을 일으켰는데 동원된 병사들의 숫자만도 300만에 달했다. 전쟁, 전쟁, 또 전쟁! 피비린내 나는 전쟁에 지친 프랑스 중산층은 이미 그에게 등을 돌린 지 오래였다.

오후 2시.

장례마차는 드디어 앵발리드에 도착했다. 장례식이 진행될 성당에는 파리 최고의 오페라 가수들이 부르는 모차르트의 「레퀴엠」이 장엄하게 울려 퍼졌다.

왕과 귀족들, 의회 의원들은 무표정하게 성당 안에 모여 있었고 어서 빨리 장례식이 끝나기만을 고대하고 있었다. 살을 에는 12월의 추위가 영웅의 귀향에 흥분한 파리 시민들을 진정시키고 있었다.

이렇게 나폴레옹은 파리로 돌아왔다.

3.

영국으로 돌아가기 전 센강변을 거닐던 조선선비 쌩의 뇌리에 그동안 프랑스 파리에서의 일이 주마등처럼 지나갔다.

쌩이 파리의 한 모임에서 총리 티에르에게 나폴레옹의 반장을 강력히 제의한 얼마 후 나폴레옹의 유해가 프랑스 파리로 돌아온다는 루이 필립왕의 발표가 났었다.

프랑스 총리 티에르가 강력히 제기하고, 프랑스 국왕 루이 필립이 영국에 보낸 나폴레옹 황제의 반장을 요구하는 편지, 그 편지를 받은 영국의 팔머스턴경이 앞장을 서서 승인을 받아 낸 것이다. 프랑스 총리 티에르와 영국의 실권자 팔머스턴경이 힘을 합쳐 이 일을 성사시킨 것이 틀림없었다.

'고마워요 티에르, 고마워요 팔머스턴경.'

조선선비 쌩은 진심으로 감사했다. 서양을 공부하기 위해 나선 목숨을 건 여행길. 그동안 영국과 프랑스에서 받은 환대에 조금이라도 보답한 것 같아 쌩은 마음이 뿌듯했다.

그 후 조선선비 쌩은 다시 런던으로 건너갔다. 외무대신 팔머스턴경과 영국 친구들을 만나 고마움을 전하고 그들과 이별했다. 그리고 독일 오스트리아 등 유럽과 러시아를 거쳐 조선으로 돌아왔다. 조선을 떠난 지 어언간 6년의 세월이 흐른 후였다.

조선에 돌아온 후, 성순교는 평소에 가깝게 지냈던 조선의 고위 조정 대신들이 그의 험난했던 장도를 위로하는 모임을 열어주고 서구의 형세를 물어오자 이렇게 말했다.

"영국과 프랑스에 해마다 유학생을 보내십시오! 그 나라들의 장점을 취하고, 우리 조선의 단점을 보충한다면 조선의 앞날에 큰 도움이 될 수 있습니다!"

그들은 성순교가 실제 보고 듣고 온 서양의 이색적인 풍속에 매우 감탄했다. 그러나 성순교의 이야기가 프랑스 혁명과 나폴레옹 이야기에 이르자 무겁고 긴 침묵이 그들 사이에 흘렀다.

"이제 조선도 개혁해야 합니다. 법률을 정하여 백성의 생명과 재산을 보호하고, 문벌을 가리지 말고 널리 인재를 등용해야 합니다."라는 성순교의 말 역시 그들은 애써 못 들은 척했다. 그들은 성순교를 멀리하기 시작했다.

쌩(성순교)은 답답한 마음을 달래려 평소 잘 다니던 남산에 올랐다. 산 중턱에 있는 바위에 앉아 눈앞의 한양을 내려다보며 깊은 명상에 잠겼다. 산바람이 그의 의관을 스쳐 지나갔다. 바람을 타고 한 소리가 들렸다.

"나는 프랑스 황제 나폴레옹이요. 나의 유해를 세인트헬레나에서 파리로 옮기는 데 도움을 주어서 진심으로 고맙소. 내 감사하는 마음으로 한 말씀 드리겠소.

프랑스에서 시작한 '자유 평등 박애'의 정신은 거대한 폭풍이 되어 전 세계로 퍼지고 있소. 아시아 대륙도 곧 영향을 받게 될 것이오.

조선도 예외가 아니오. 조선도 이 폭풍에 잘 대비해야 하오. 준비 없이 이 폭풍을 맞으면, 당신이 본 프랑스보다 더 큰 혼란과 비극을 겪게 될 것이오. 잘 준비하여, 조선에서는 나와 같은 비운의 황제가 나타나지 않게 하시오."

쌩은 놀라서 눈을 크게 떴다.

주위를 살폈으나 아무도 보이지 않고, 온 하늘이 석양빛을 받아 붉게 타오르고 있었다.

*서울 명동.

"나폴레옹의 유해 반장에 힘을 썼던 팔머스턴은 그 후 영국의 총리가 되었고, 아돌프 티에르는 프랑스의 제2대 대통령이 되었지요. 그런데, 정작 이 문집의 주인공인 조선의 선비 성순교는 그 후 행적이 묘연해요. 달랑 이 문집 하나만 전해 내려올 뿐, 무덤조차 찾을 길이 없으니."

오랫동안 이 조선선비의 낡은 문집에 흥미를 느껴 추적해오며 글을 써 오던 안 신부는 생각이 거기에 미치자 다시 곤혹스런 표정을 지었다.

"그는 귀국 후, 잠자고 있던 조선을 깨우기 위해, 뭔가를 했을 것은 틀림없습니다. 어쩌면 가톨릭 순교자로 사라졌을지도 모릅니다."

곁에서 도와오던 성 교수가 말했다.

두 사람은 커피를 마신 후 밖으로 나왔다. 명동거리는 자유 평등 박애를 상징하는 파랑 하양 빨강의 삼색 조명으로 대낮처럼 밝았다.

「조선왕조실록 수직상체일기」安義

유학자 안의(安義) 선비가 사는 정읍 태인 백천마을 그의 집 너른 마당에는 웃음소리가 가득했다. 논에 볍씨를 다 뿌린 마을 사람들이 막걸리를 마시며 시끌벅적하게 떠들어 댔고, 한쪽에서는 농악대와 소리꾼이 흥을 돋우고 있었다. 안의 선비는 사랑채에 앉아 깊은 생각에 잠겨 있었다. 이윽고 그는 붓을 들어 한 자 한 자 정성들여 쓰기 시작했다.

'뿌리 깊은 나무는 바람에 아니 흔들릴세, 꽃 좋고 열매 많나니—'

안의는 이곳 남고서원 선비들과 함께 한글 전파에 앞장서기도 했는데, 나라가 어지러워 마음이 스산할 때면 이렇게 한글을 쓰며 마음을 가라앉히곤 했다.

지금은 전라도 태인 땅에 뿌리내려 살고 있지만, 안의의 조상은 대대로 한양에서 벼슬을 했었다. 그의 호는 물재(勿齋), 본관은 탐진(耽津), 세종 때 태인 현감과 평안도 안찰사를 지낸 안기가 고조부요, 종고조부 안지는 세종 때 예문관 대제학으로서 최초의 한글 노래 「용비어천가」를 지은 유학자였다.

잠시 후 그는 붓을 내려놓고 멀리 칠보 쪽을 바라보았다. 신라 후기의 유학자 고운 최치원을 모신 무성서원과 호남 성리학의 거두 일재(一齋) 이항(李恒)을 기리는 남고서원을 품은 칠보산이 무지갯빛 날개를 활짝 펴고 훨훨 날고 있었다.

마당에는 부인과 동네 여인들이 마련한 음식상이 바닥이 나고 있었다. 그는 매사에 침착하고 조용한 성격의 부인 은씨에게 말을 건넸다.

"부인, 올해는 고기도 떡도 없는 빈 잔칫상이지만, 그래도 온 천지가 웃음꽃이구려. 힘든데 이제 좀 들어가 쉬시오."

말을 마친 안의는 굳게 잠긴 곡간을 바라보았다. 그곳에는 안의가 그동안 은밀히 모아둔 쌀이 2백여 석이나 쌓여 있었다. 안의는 마을잔치에 애써 모은 그 쌀을 한 톨도 쓰지 않았다.

"그래도 장금마을 장금댁들 솜씨가 워낙 좋아서 다들 맛있다고들 합니다."

부인 은씨는 장금댁들을 칭찬하였다. 이 마을에는 대대로 칠보 장금마을에서 시집온 여인들이 많아 그들을 장금댁 또는 대장금댁으로 불렀다. 이 장금댁들의 빼어난 음식 솜씨는 이미 한양 궁궐까지 알려져 있었다.

"아버님, 올 임진년에도 대풍이 들 겁니다!"

첫째 아들 광우가 활짝 웃으며 말했다. 안의는 아들 셋과 딸 하나를 두었는데 오랜만에 광우와 광주 그리고 막내 광택까지 세 아들이 한자리에 모여 있는 것을 보니 온 세상을 다 가진 듯 기뻤다. 그는 세 아들의 이름에 빛 광(光) 자를 넣어 광우, 광주, 광택으로 지었는데 끝 글자를 조합하면, '우(宇), 주(宙), 택(宅)' 이른바 '우주에 빛나는 집'이 되었다.

딸은 한양에서 오래 벼슬을 한 칠보의 안동 권씨 가문으로 시집을 갔다. 마침 오늘 잔치에는 외손자 권극평도 와 있었다. 극평은 무과에 합격하여 어엿한 무장이 되어 있었다.

“암, 올 임진년에도 대풍이 들어야지. 그래야 나라가 무사하다.”

안의는 걱정스레 하늘을 올려다보며 기도하는 심정으로 말했다.

“잊지 마라, 우리 집안은 고려 때 홍건적을 격퇴한 안우 장군 때부터 국난이 있을 때마다 앞장서서 나라를 편안하게 한 집안이다. 그래서 우리 성이 편안할 안(安) 자가 아니더냐.”

그가 귀가 아프도록 거듭하는 소리였지만 이 소리를 들은 가족들은 다시금 자세를 가다듬었다. 마당에는 마을 사람들이 임진년 대풍을 기원하며 걸판지게 어우러지고 있었다. 흥이 오른 마을 여인들이 큰 소리로 노래하기 시작했다.

“달하, 노피곰 도다샤—”

“어기야 머리곰 비취오시라—”

“어기야 어강도리, 아으 다롱디리—”

“어기야— 즌데랄(위험한 곳을) 드대욜세라—”

“아으, 아으 다롱디리—”

“얼쑤!”

태평소와 징, 소고, 나팔, 소리꾼에 정읍사 가락까지 어우러진 안의의 집 마당 위로 소리 없이 꽃비가 내리고 있었다.

저녁 무렵, 장에 갔던 사람 몇이 청천벽력같은 소식을 들고 왔다. "난리가 났단다! 왜가 쳐들어 왔다! 조총으로 사람을 마구 죽인단다!"

'드디어, 걱정하던 일이 터지고 말았구나.' 안의는 그 자리에 털썩 주저앉았다. 멀리 비봉산 자락에서 먹구름이 몰려오고 있었다.

선조 25년(1592) 임진년 4월 13일, 중국 명나라를 치는데 필요한 길을 빌려달라는 요구를 하며 일본군 20여만 명이 700여 척의 배를 앞세우고 부산포로 쳐들어 왔다. 부산진과 동래성에 이어 상주, 성주 등 경상도가 함락되었고 4월 28일, 충주 탄금대전투에서는 신립 장군이 패하고 자결했다.

집들이 불타고 많은 사람이 목숨을 잃었으며, 성주와 충주에서는 실록 등이 보관되어 있는 사고까지 소실되었다. 유학자 안의는 나라의 얼인 실록이 삽시간에 불타 없어졌다는 소식에 크게 분노하였다.

세종 때 북쪽으로부터의 외침에 대비하여 남쪽 성주와 전주에 사고를 더 만들어 한양의 춘추관과 충주, 성주, 전주 네 곳에 왕조실록을 보관하게 하였는데, 당시 인순부윤(仁順府尹)이던 안의의 종고조부 안지 등이 이 일을 한 것으로 안의는 들어 알고 있었다. 대대로 집안에 전해 내려오는 왕조실록과 사고에 관한 숱한 이야기들을 상기하며 안의는 사고가 불타 없어졌음을 애통해했다.

일본군은 쉴 새 없이 북상하여 단 2주 만에 한양에 도달하였다. 선조는 한양을 버리고 칠흑 같은 어둠 속 도승지 이항복이

들고 있는 희미한 등불에 의지해 피난길에 나섰다.

"임금이 우리를 버리고 도망간다!"

임금의 어가를 가로막던 성난 한양의 백성들은 궁궐을 불태웠고 노비들은 그들의 노비 문서가 보관되어 있는 형조와 장예원에 불을 질렀다. 그 불길은 더욱 거세어져 홍문관과 춘추관까지 삼켰다. 이때 춘추관에 보관되어 있던 문서와 책, 실록이 불에 타 소실됐다. 단 며칠 만에 성주와 충주, 춘추관 세 곳에 보관되어 있던 실록이 불탔고 전라도 전주사고에 보관된 실록 하나만이 남았다.

조선 건국 때부터, 임금도 마음대로 보지 못했고 임금이 죽은 후에야 편찬되는 것이 실록이었다. 그야말로 후대에게 전할 참된 지침이 담긴 책이 실록이 아닌가. 유일하게 전라도는 아직 병화를 입지 않았지만 참담하기 그지없는 소문에 정읍선비 안의는 잠을 이룰 수가 없었다.

정읍의 유생들이 활터에 모였다.

"조선 땅이 백성들의 피로 물들었는데 임금은 도망하기 바빴답니다!"

"피난길 임금님 수라상을 굶주린 하인들이 훔쳐 먹고 달아났다고 해요!"

"호종하던 신하들도 다 도망쳤답니다!"

도저히 용납될 수 없는 일이었다. 조선은 개국 이래 2백 년을 큰 외침 없이 평화를 누려왔었다. 그러나 2년 전 황윤길과 김성

일이 일본에 사신으로 다녀와 정사 황윤길은 일본이 침략을 할 것 같으니 대비해야 한다 하고, 부사 김성일은 일본이 침략하지 않을 것이니 과도히 걱정할 것 없다는 상반된 보고를 한 가운데 나라가 매우 혼란스러웠다. 조정에서는 성을 쌓고 지방의 성곽들을 보수하고 경계를 강화하는 등 대비에 나서기도 했지만 오랜 평화 속에 잠든 조선은 깨어날 줄을 몰랐다. 이항의 가르침을 따르는 남고서원 선비들은 왜의 침략을 예견하고 이에 대비하기 위해 많은 노력을 하고 있었다.

이항은 한양에서 낙향하여, 생전에 칠보산 중턱 보림사에 학당을 짓고 수많은 제자를 길러 냈는데 국난이 날 것을 예언하고 평소에도 칼을 옆에 두고 정신무장을 강조하였으며, 유생들에게도 육도삼략과 손자병법, 말달리기, 활쏘기 등을 가르쳤다. 안의 김천일 등 이항의 제자들은 모두 무예에도 능했다.

안의는 흥분한 유생들을 진정시키며 타일렀다.

"보십시오, 한양에 쉽게 도달한 왜적은 임금을 놓쳐 큰 곤경에 처했습니다. 전선은 길어졌고 보급로도 끊겼습니다. 이제부터는 우리가 공격할 차례입니다!"

선비들은 남고서원에서 가장 명망이 높고 어른격인 안의를 중심으로 대책을 의논하기 시작했다.

"우리도 의병을 일으켜야 합니다!"

"군량미도 모아야 합니다!"

유생들은 다양한 의견을 내놓았다.

"그런데 우리 유생들이 군사를 일으키거나, 군량미를 모으면 자칫 모반으로 오인되어, 목숨이 위태로울 수 있으니 걱정입니다."

유생들은 선뜻 나서지 못하고 수군거렸다. 그들은 얼마 전까지 조선을 뒤흔들었던 기축년(1589년) '정여립의 난'을 기억하고 있었다.

정여립은 '천하 만물은 공공의 것이니 어찌 일정한 주인이 있겠는가.'라며 정읍과 태인, 전주와 금구 등지의 농민과 천민 등을 모아 대동계라는 군사조직을 만들어 무술을 연마하다 역모로 몰려 정여립과 1천여 명의 주위 선비들이 무참히 목숨을 잃었던 것이다. 선비들에겐 아직도 이 사건은 진행형이었다.

"여러분, 방법이 있습니다, 우리가 군량미를 모아 먼저 임금님이 계신 행재소로 보내도록 합시다! 제가 그동안 모아둔 쌀 2백 석을 먼저 임금님이 계신 행재소로 보내겠습니다!"

안의가 결연한 목소리로 말했다. 임금에게 쌀을 보낸다는 명분하에 의병도 일으키고 군량미도 모으면 될 것이었다.

그들은 의논 끝에 만장일치로 전 용담현령 민여운을 태인 의병장으로, 남고서원의 명망 높은 안의와 손홍록을 의곡계운장으로 선출하였다. 의곡계운장은 쌀과, 의복 등 군량품을 모아 임금과 의병들에게 가져다주는 일을 총괄하는 직책이었다.

지난해까지 정읍현감 겸 태인현감을 하다 전라좌수사로 승진해 간 이순신 장군과 매우 가까이 지냈던 안의는 이순신 현감과의 대화를 통하여 곧 왜가 침략하리라는 것을 확신하고 은밀히 쌀을 모아 두었었다. 안의가 모아 놓은 쌀 2백 석을 쾌척하겠다는 말을 듣자 역시 명망 있는 유학자인 손홍록이 가지고 있는 쌀을 모두 내놓기로 약속했다. 그러자 망설이던 다른 선비들도 앞다투어 쌀과 포, 목화 등을 내놓기 시작했다.

한계(寒溪) 손홍록(孫弘祿)은 정읍에서 농사짓는 유생이지만 한양에서 내려온 명문거족의 후손이었다. 본관은 밀양, 부제학 손비장의 종증손이요, 한림 손숙로의 아들로서 남고서원에서 함께 수학한 선배 안의를 매우 존경하고 있었다.

안의는 64세, 손홍록은 56세로 두 사람 다 적지 않은 나이였지만 결연히 떨치고 일어났다. 의기투합한 안의와 손홍록은 군량 권유문을 작성하여 정읍과 태인 일대에 내붙였다.

"유생들이 드디어 일어났다!"

장터에서 우왕좌왕하던 사람들이 격문을 보고 나서기 시작했다. 안의의 집안은 앞장서서 바삐 움직였다. 첫째 아들 광우는 정읍과 태인 등지를 돌며 의곡을 모으는 일을 자원해서 나섰고, 둘째 아들 광주는 부친이 내놓은 쌀 2백 석을 행재소의 임금에게 보낼 배편을 찾아 떠나갔다.

셋째 아들 광택은 정읍의병장 민여운을 따라갔고 외손자요 무장인 권극평은 최경회 의병장의 우부장이 되어 싸움터로 떠나갔다. 특히 권극평은 권율 장군과 친척이었고 권율의 사위는 도승지 이항복이어서 가장 전세를 빨리 파악할 수 있었기 때문에 안의는 외손자 권극평에게 자신에게도 전황을 알려주기를 당부했다.

이즈음 정읍 장터에 오랜만에 좋은 소식이 들려왔다. 이순신 장군이 남해의 옥포에서 왜군을 쳐부쉈다는 것이다. 또 연이어 합포, 적진포에서 승리했고 사천에서는 왜선 13척을 격파했는데, 거북선이라는 철갑전선 2척이 돌격하여 싸워 크게 이겼다는 것이었다.

"용의 머리를 하고 거북이 형상을 한 배가 적진 한가운데로 돌격해서 빙글빙글 돌며, 이리 쏘고, 저리 박고, 왜놈들 배를 순식간에 박살을 내버렸단다."

사람들은 오랜만에 환한 얼굴로 이야기를 나누었다.

선조가 조정 중신들의 반대를 물리치고 지난해 정읍 현감에서 전라 좌수사로 7계급 특진시킨 이순신이 해전에서 승리했다는 소식에 안의는 뛸 듯이 기뻤다.

안의는 스승 이항의 가르침에 따라 호를 물재로 하고, 삼가야 할 여덟 가지 교훈, 즉 팔물잠(八勿箴)을 방안에 써 놓고 평소에 실천하고 있었다. 정직하고 약속을 지키고 수신제가를 하며 이웃과 화목 하는 길이 나라를 부강하게 하고, 당쟁의 수렁에서 벗어나는 길이라고 그는 생각했다.

물망언(勿妄言 남과의 언약을 지켜라)

물위연(勿爲姸 정직하라)

물폭노(勿暴怒 화를 내지 말라)

물흉주(勿胸酒 술을 과하게 마시지 말라)

물황색(勿荒色 여색에 빠지지 말라)
물타사(勿惰祀 조상의 제사에 게으르지 말라)
물열장(勿閱墻 남의 담장을 기웃거리지 말라)
물소족(勿疏族 일가끼리 서로 화목하라)

굴욕의 피난길을 택한 선조에게 마지막 남은 희망은 한양을 탈환하러 올라오는 전라감사 이광이 이끄는 8만 남도근왕군이었다. 남도근왕군은 충청도와 경상도 전라도의 농민들로 급조된 군대였다.

그러나 6월 5일, 용인에서 이광의 남도근왕군은 일본군에게 크게 패해 많은 군사들이 죽거나 흩어졌다. 고작 1600명의 일본군에게 8만 대군이 패한 것이다.

이런 상황에서 나라를 지키는 것은 의병장들이었다. 호남의 고경명, 김천일, 영남의 곽재우, 호서의 조헌 등이 가장 먼저 의병을 일으켰다. 김천일 등 다수의 의병장들이 일재 이항의 제자로서 안의와 함께 공부하던 유생들이었다. 전직 관료와 유생, 백성, 노비 심지어는 승려까지 의(義)를 부르짖으며 의병에 가담하였다.

'지금 우리 조선이 명나라로 진격하려는 왜군을 막으며 명나라를 대신하여 싸우고 있으니, 명나라는 빨리 지원군을 보내 주시오!'

피난길의 선조는 사신을 명나라로 보내 하루 빨리 원군을 보내줄 것을 요청했다.

선조를 따라 피난길에 나선 다섯 사관들 마음은 참담했다.

이제 사초를 쓸 종이도 없었고 피난길에 허둥지둥 들고 나온 선조 즉위 이후 25년간의 기록도 빗물이 스며들어 망가져 버렸다. 또 사관들은 선조와 중신들이 요동행을 두고 말다툼하는 것을 내내 지켜보았다. 그들은 틈만 나면 만나 신세를 한탄하고 임금을 헐뜯었다.

"난, 혼자 도망가 살려는 임금 얘기 도저히 더 이상 못쓰겠소이다."

"나도 내 붓을 더럽히고 있다오."

"에잇, 사관이 된 게 후회막급입니다."

"우리도 모두 요동으로 끌려가 죽는 것 아냐?"

"난 죽더라도 고향 가서 죽으려오."

의논 끝에 사관 5인방은 그만 야음을 틈타 줄행랑을 놓고 말았다.

선조는 늘 가까이서 자신을 따르던 사관들이 보이지 않자 그들을 찾았다.

"사관들이 안 보이네, 모두들 어디 갔나?"

"사관들이 탄 말이 허약해서 아마 뒤처진 모양입니다."

몇몇 신하들이 그들을 찾아 나섰고 다섯 사관들이 사초를 몽땅 불태우고 도망갔다는 사실이 확인되자 대신들은 경악했다.

"당장 그놈들을 잡아 오라!"

선조의 노여움은 하늘을 찔렀다.

비록 한양을 버리고 피난길에 나서긴 했으나 실록을 통하여 후대에 성군으로 이름이 남길 바라던 선조였다.

이 무렵 명나라는 14대 황제 만력제(萬曆帝. 1563-1620)가 통치하고 있었다. 10살의 어린 나이에 황위에 오른 만력제는 한때 존경하는 스승이자 명재상이었던 장거정이 죽고 난 후 그의 비리가 드러나고, 그의 재산이 황제를 능가한다는 사실을 알고 장거정의 아들과 일족을 멸하고 재산을 몰수했다. 또 만력제는 귀비 소생의 셋째 아들을 태자로 책봉하려고 했으나 신료들의 반대로 무산되자 '황제파업'을 선언하고, 자금성 깊이 들어가 몇 년째 어전에 나오지 않았다. 대신들은 이제 만력제의 얼굴조차 잊어버릴 지경이 되었다.

만력제가 황제파업을 선언한 지 5년째 되는 임진년 어느 날, 조선 임금이 급파한 사신이 달려와 원군을 청했다.

"빨리 원군을 보내 주십시오. 조선이 명나라를 대신해 왜를 막고 있습니다."

"아니, 왜가 부산에서 한양까지 쳐 올라오는 데 20일밖에 걸리지 않았다고? 혹시 조선이 짜고 앞장서서 명나라로 쳐들어오는 것이 아닌가?"

의심에 찬 명나라 신료들은 연일 조선파병 문제로 술렁댔다.

"절대로 안 됩니다! 무리한 조선 파병은 명나라 재정을 파탄내 명나라를 멸망시킬지도 모릅니다!"

명나라 신료들은 입을 모아 거세게 파병을 반대했다.

이즈음 만력제는 궁녀들과 나비놀이에 빠져 있었다. 자금성 연못에 배를 띄워 부채를 든 궁녀들을 태우고, 황제는 연못 한가운데서 나비를 풀었다. 그리고 그 나비가 앉은 부채의 궁녀와 그날 밤을 같이 보내는 것이다. 나비놀이를 하던 만력제는 조선이 대규모 일본군의 침입으로 위기에 처했다는 소식을 전해 들었으나 꿈쩍도 하지 않았다. 모든 것은 매사에 반대만 하는 늙고 탐욕스러운 대신들이 어련히 알아서 잘 처리할 것이었다.

그러나 시간이 갈수록 조정은 시끄러워졌고, 그의 꿈자리까지 뒤숭숭해졌다. 꿈속에서 일본군이 자금성 깊숙이 호화스러운 그의 침실까지 나타나 긴 칼을 휘둘러댔다. 어느 날 만력제는 관우가 9척 장신으로 석 자 수염을 휘날리며 적토마를 타고 번쩍이는 청룡언월도를 휘두르면서 나타나는 꿈을 꾸었다. 유비, 관우, 장비 셋이 복숭아밭에서 의형제를 맺었다는 도원결의, 바로 만력제가 가장 좋아하는 의리의 상징 관우였다.

"유비 형님, 일어나세요, 당장 일어나세요!"

관우가 외쳤다.

꿈속에서 장비는 조선의 선조가 되어 나타나 애원했다.

"형님, 저 장빕니다. 설마 저를 버리는 것은 아니겠지요?"

삼국지의 관우가 나타나 만력제를 유비라 부르고, 위기에 처한 동생 장비가 형님을 부르며 애원하는 소리에 만력제는 그만 놀라서 잠에서 깨어났다.

'무엇보다 우리 명나라 땅에서 전쟁이 벌어지는 일만은 없어야겠다….'

다음 날, 아침 일찍 어전에 든 늙은 대신들은 소스라치게 놀랐다. 얼굴조차 까마득하게 잊어버릴 뻔한 만력제가 근엄한 얼굴로 옥좌에 앉아 있는 것이 아닌가. 죽지도 않고 끈질기게 그의 말에 반대만 하는 늙은 대신을 내려다보며 만력제는 소리쳤다.

"조선은 명과 오랜 교류를 맺으며 의리와 명분으로 다져진 나라이다. 당장 의리의 나라 조선에 원군을 파병하라!"

"폐하, 아니 되옵니다! 여진족과의 전쟁이 끝난 지도 얼마 되지 않았는데, 갑자기 조선파병이라니요?"

늙은 대신들은 일제히 소리 높여 반대했다.

"시끄럽다! 짐은 첫째도 의리, 둘째도 의리, 셋째도 의리니라!"

만력제는 단호한 어조로 병부상서 석성에게 파병을 명한 후 회심의 미소를 지으며 자금성 깊숙이 사라졌다.

"조선을 구하고, 우리 명나라는 망해도 좋단 말인가?"

늙은 대신들은 가슴을 쳤다. 그러나 자금성 안에서 만력제는 통쾌하게 웃고 있었다.

6월 18일, 선조 일행은 선천에서 유숙하고 있었다. 이때 이덕형이 선조에게 기다리던 소식을 알려왔다.

"드디어 명나라에서 원군을 보낸다는 소식이 도착했습니다!"

"됐다, 이제 명 원군을 위한 군량미를 준비하도록 하라!"

선조는 급히 전교를 내리며 이제는 요동으로 넘어가지 않고 명나라와의 국경인 의주에 머물며 반격을 해야겠다고 마음먹었다. 의주에 도착한 선조는 후회와 서글픔이 섞인 마음으로 다음과 같은 시를 읊었다.

> 국경의 달 바라보며 통곡하고
> 압록강 강바람에 마음 상하니
> 신하들이여, 또다시 이후에도 동인서인 할 것인가?

남해의 이순신 장군이 연전연승으로 바닷길을 막자 한양의 일본군은 일본으로부터 군량미와 원군을 지원받을 길이 막혀 버렸다. 또 명나라 원군의 참전으로 전쟁이 장기화할 기미를 보이자 군량미 보고인 호남평야를 누가 차지하느냐가 전쟁의 성패를 좌우하는 양상으로 전황은 변해 갔다. 일본군은 한양으로부터 1만 2천의 대군을 이끌고 전라도로 쳐들어왔다.

이에 맞서서 도절제사 권율, 동복현감 황진, 의병장 고경명과 고인후 부자, 유팽로, 곽재우와 김덕령 의병장들, 전주 만호 황박, 나주 판관 이복남, 김제 군수 정담, 해남 현감 변응정, 조헌과 승병장 영규 등 관군과 의병들이 속속 전주성의 관문인 금산으로 집결하고 있었다.

한편 전주성에서는 전라감사 이광을 위시한 도사 최철견, 부윤 권수, 제독관 홍기상, 삼례 찰방 윤길, 경기전 참봉 오희길 등이 연일 비상대책회의를 열고 있었다. 이 회의에서 경기전에 봉안된 태조의 어진과 전주사고에 보관 중인 단 하나 남은 왕조실록의 보전도 문제가 되었다.

"산이나 바다로 피난시키기도 어려우니 사고의 밑을 파서 어진과 실록을 파묻읍시다."

다급해진 사람들이 말하자 방어사 곽영이 말했다.

"금산에서 생포한 왜군한테서 성주사고에서 약탈한 실록 2장이 나왔다고 합니다. 성주에서 실록을 꺼내 사고 밑에 파묻었지만, 곧 발각되어 모두 불태워졌다고 합니다."

"그렇다면 땅에 묻는 것도 위험천만한 일이군요."

다들 머리를 저었고 어진과 실록을 성 밖으로 피난시키자는 의견도 나왔으나 워낙 상황이 다급한 데다 인력도 부족해 결론을 내지 못했다. 전라감사 이광은 만일의 경우에 대비하여 어진과 실록을 지킬 학행과 연륜이 있는 선비를 찾아보도록 지시하였다.

이 무렵 정읍의 의곡계운장 안의는 쌀과 포 등 군수품을 모아 싸움터로 보내는 일에 온 힘을 쏟고 있었다.

"자, 이제 남해의 이순신 장군과 김천일, 최경회, 민여운 등 우리 용감한 의병장들에게 속히 군량미를 보냅시다!"

함께 의곡계운장이 된 손홍록 역시 일가친척, 가동들을 총동원하여 군량미를 모으고 있었고, 김부진, 안창국 등 명망 있는 선비들과 손홍록의 조카 손숭경 등도 힘을 보탰다. 태인향교에서도 훈도와 교생들이 모두 나와 적극적으로 도왔다. 여인들은 장정들을 위해 떡과 밥을 지었으며, 금옥이와 옥수 등 기생들도 주먹밥을 만들어 광주리로 날랐다.

하루 일을 거의 끝낸 안의가 집으로 돌아와 잠시 쉬고 있는데, 얼마 전 장터에서 헤어진 손홍록이 황급히 집으로 찾아왔다.

"전라도가 매우 위급해지고 있다고 합니다!"

손홍록은 긴장된 얼굴로 말했다. 바로 그때 또 누군가가 말을 타고 달려와 급히 안의의 집 앞에서 말을 내리더니 품 안에서 편지 한 장을 꺼내 안의에게 전달하고 사라졌다. 의병장 권극평이 보낸 비밀 서찰이었다. 한글로 쓰여 있었다. 한글은 한자와 달리 일본군이 잘 읽지를 못해 안의는 극평에게 한글로 서찰을 써서 보내기를 은밀히 당부했었다. 편지를 읽던 안의의 얼굴이 하얗게 질렸다.

"손공, 말씀대로 왜가 곧 전주성을 공격한답니다. 전주성이 함락되면 군량미 창고인 호남평야가 다 그들의 손에 들어갑니다."

잠시 숨막히는 정적이 흘렀다.

"그런데 손공, 전주성에는 또 전주사고가 있지 않소. 이미 사고 셋이 불탔다는데, 마지막 전주사고마저 소실되면 이 나라의 역사가 영영 사라집니다."

"물재 선생님, 소문에 의하면 전주성에서 어진과 실록을 지킬 명망 있는 선비를 찾고 있다고 합니다. 그러나 이 난리통에 누가 나서서 그런 위험한 일을 하려고 하겠어요?"

순간 안의의 머릿속에 시뻘건 불길에 휩싸여 타들어 가는 전주사고의 모습이 떠올랐다. 순간 안의는 저도 몰래 손홍록에게 다가가 덥석 두 손을 잡았다.

"어진과 실록을 구해내야지요. 손공과 나, 우리 두 사람이 목숨 바쳐 전주사고에 있는 나라의 마지막 실록을 지킵시다!"

안의가 힘주어 말하자 손홍록도 기다렸다는 듯 불끈 주먹을 쥐고 소리쳤다.

"맞습니다. 우리 시골 선비들이 힘을 합쳐 나라의 역사를 지키러 갑시다!"

그러나 다음 순간 손홍록이 텅 빈 곡간을 가리키며 힘없는 목소리로 말했다.

"전주성을 도우려면 말과 식량이 있어야 하는데, 쌀을 이미 임금님과 의병들에게 다 보내버려 우린 빈털터리가 되었으니… 어쩌면 좋습니까?"

두 사람은 잠시 말을 잇지 못하고 서 있었다. 상황이 절망적이었다. 후대에게 물려 줄 마지막 실록도 이제 불길 속으로 사라질 운명이었다. 이때 아스라이 먼 곳에서 북소리처럼 안의의 귀를 울리는 소리가 있었다.

"무엇을 주저하느냐? 너희는 나라의 혼을 지켜라!"

그 소리는 천둥소리처럼 커지며 하늘과 땅에 가득했다. 안의는 정신이 번쩍 들었다.

목소리의 주인공은 안의의 조상 안우 장군이었다. 고려 공민왕 때 도원수를 지낸 안우 장군은 외세의 도움 없이 자력으로 20만 홍건적을 물리쳐 고려를 구한 영웅이었다. 안우 장군의 위패는 서희와 강감찬, 정몽주 등 고려 16충신과 함께 경기도 연천의 숭의전에 모셔져 있는데, 해마다 숭의전에서 이들을 기리는 제사가 있어 안의도 참석하곤 했었다.

'나라가 위기에 처한 이 마당에, 재산이 무슨 소용이 있겠는가?'

안의와 손홍록은 황급히 논밭을 처분하고 가산을 정리하여 돈을 마련하여 말 이십여 필과 양식을 사들였다. 은씨 부인 역시 말없이 앞장서서 도왔다. 동원할 수 있는 두 집의 가동들을 합쳐 보니 30여 명이 되었다. 평소에 안의를 따르던 정읍 장사 김홍무가 소문을 듣고 그들을 따라나섰다. 김홍무를 따라 날쌘 검객 셋이 자원하여 호위를 맡았다. 64세 노령의 안의가 앞장선 일행은 전주성을 향해 쉬지 않고 달렸다. 그들은 밤늦게 전주성에 도착하였다.

전주성은 전라감사 이광의 지휘 아래 최후의 결전을 준비하고 있었다. 그러나 남도근왕군의 패배로 많은 군사를 잃어 선조의 분노를 산 이광은 근신 중이었고 전주성을 수비하는 군사의 수는 턱없이 부족하였다. 전 성균관전적 이정란이 의병 백여 명을 모아 전주성으로 들어와 큰 힘이 되어 함께 성을 지키고 있었다.

안의와 손홍록이 경기전에 도착하자 경기전에서 애를 태우고 있던 경기전 참봉 오희길이 달려 나왔다.

"안공, 손공, 안 그래도 감사께서 어진과 실록을 지킬 학덕과 경륜이 높은 선비님들을 찾고 있었는데 이렇게 오시다니요, 하늘이 도우신 게 분명합니다!"

"늙고 힘없는 시골 선비들이지만, 이제부터 우리가 어진과 실록을 목숨 걸고 지키도록 하겠소!"

안의의 얼굴이 결의로 빛났다. 그러나 전주성을 둘러 본 안의는 여러 가지 정황으로 보아 전주성에서 전투가 벌어지면 경기전의 어진과 전주사고가 더 이상 안전할 수 없다는 결론에 이르렀다.

"어진과 실록을 성 밖으로 옮겨야 합니다. 안전한 곳으로 피난을 시키는데 필요한 인력과 말도 저희들이 구해왔습니다. 인근 내장산은 크고 깊어 도저히 왜군의 발길이 닿을 수 없는 요새입니다."

안의는 주장하였다. 그러나 이광은 이미 일본군 첩자가 길목마다 매복하고 있어 피난이 어려울 것이라며 결정을 미루고 있었다. 안의는 만일 어진과 실록이 소실되면 비록 끝내 전주성을 싸워 지킬지라도 그 책임을 면치 못할 것이라는 협박 섞인 말까지 이광에게 전했다.

대규모 일본군이 전주성 가까이 진출하여 사태가 더 급박해지자, 망설이던 이광은 안의의 말을 받아들여 어진과 실록을 내장산으로 옮겨도 된다고 허락하였다.

우여곡절 끝에 드디어 전주사고의 육중한 문이 열렸다. 한지에 금속활자와 목판으로 인쇄된 조선의 실록, 단 하나 남은 최후의 『조선왕조실록』은 비단 보자기에 싸여 견고하게 짠 나무 궤짝 속에 보관되어 있었다.

태조에서 명종까지 실록이 47궤였고, 『고려사』와 『삼국사기』, 『

삼국사절요』, 『동국통감』 등 모두 합해 60여 궤로 총 1300여 권의 엄청난 분량이었다. 안의와 손홍록, 경기전의 오희길 참봉, 수복 한춘 등과 양가의 가동들이 극비리에 움직여 실록 상자와 기타 서책들을 말 20여 마리 등에 싣고 내장산으로 출발할 수 있었다.

안의의 명령에 따라 일행은 곡식과 짐을 잔뜩 싣고 피난을 가는 호족처럼 위장을 했다. 또 왜 첩자들의 눈을 피하기 위해 왕조실록과 태조의 어진을 따로따로 이동시켜 내장산에서 만나기로 계책을 짰다.

"우리가 실록을 싣고 먼저 출발해서 내장산으로 가 안전한 길을 알려드리겠으니 오참봉께서는 은밀히 어진을 모시고 그 길을 따라 내장산 용굴암으로 오십시요."

내장산 지리에 밝은 안의는 오희길에게 말했다.

6월 22일, 안의와 손홍록 일행은 내장산 금선계곡에 도착하였다.

"드디어 내장산입니다. 이 깊고 깊은 산에 어진과 실록을 숨기면 아무도 못 찾을 겁니다."

흘러내린 흥건한 땀을 닦으며 손홍록이 말했다.

"그래요, 내장산은 천혜의 요새지요. 산 안에 숨겨진 것이 무궁무진하다고 해서 이름이 내장산이 아닙니까, 허허허. 이제 좀 안심이 되는군요."

안의는 일행을 선두에서 지휘해 일단 실록을 숨겼다. 불안한 마음으로 기다리자 안의가 일러준 안전한 길을 따라 얼마 후 오희길 일행이 비밀리에 어진을 모시고 내장산으로 와 깎아지른 절벽에 위치한 용굴암에 국조 이성계의 어진을 숨기고 번갈아 지키기 시작했다. 전주성에서는 조선팔도에서 달려온 관군과 의병, 승병들이 연일 싸우며 호남평야를 지켜내고 있었다.

안의와 손홍록 두 선비는 엄중한 경계령이 내려진 가운데 실록을 지키기 위해 용굴 앞에서 수직을 서기 시작했다. 내장산에는 내장사 주지 희묵 대사와 1백여 명의 승병, 소식을 듣고 달려온 화전민, 사당패, 노비, 농민 등 천여 명이 산을 에워싸고 함께 지키기 시작했다.

용굴 앞에 선 안의와 손홍록은 형제의 의를 맺고, 목숨이 다하는 순간까지 실록을 지킬 것을 하늘에 맹세했다. 마지막 『조선왕조실록』은 끝까지 살아남아 후손들에게 전해져야 한다고 굳게 마음먹은 안의는 사관이 된 비장한 심정으로 내장산에서 『조선왕조실록』을 지키는 일기를 쓰기 시작했다.

「조선왕조실록 수직상체일기」(守直相遞日記)
임진년 유월이십삼일. 안의와 손홍록이 함께 지킴.

한 자 한 자 정성들여 쓰던 안의가 고개를 들어 하늘을 보니 내장산 아홉 봉우리가 석양빛에 붉게 물들어 가고 있었다.

*안의와 손홍록 선비는 『조선왕조실록』을 구해 1593년 강서행재소에 피난 중인 선조에게 전달했다. 정읍(내장산)-부여-아산-수원-인천-부평-강화를 거쳐 황해도 해주로 가는 험난한 길이었다. 안의는 이때 얻은 병으로 1596년 돌아가셨다. 몸을 던져 자비로 『조선왕조실록』을 구한 안의와 손홍록 두 선비는 현재 정읍 남천사에 배향되어 있다. 『조선왕조실록』은 세계적으로 그 유례가 없는 우리의 소중한 역사기록물로서 1997년 유네스코 세계 기록유산으로 등재되었다.

의암 손병희 선생 이야기 1.

응구가 동쪽으로 간 까닭은

1.

청주장터 돌다리 위에 별난 짚신장수가 나타났다는 소문이 입에서 입으로 퍼져나가기 시작했다. 사람들은 청주 5일장이 열리는 날이면 으레 그 돌다리를 건너 장으로 가기 마련인데 그때마다 그 돌다리목에 앉아 있는 별난 남자를 곁눈질하며 감출 수 없는 호기심을 드러내곤 했다.

그날도 한 떼의 장사꾼들이 그 돌다리 위를 지나가며 왁자지껄 떠들고 있었다.

"아, 한 켤레에 30문 하는 짚신을 15문에 판대유."

"그래? 그럼 깎아서 10문에 살 수 있겠네?"

장사꾼들은 자신의 낡은 짚신을 내려다보다 돌다리 위에 가지런히 놓인 열 켤레의 새 짚신은 바라다보곤 했다.

"그런데 그게 말야, 에누리도 없다누먼."

한 등짐장수가 고개를 저으며 큰 소리로 말했다. 그의 짚신은 나달나달해져 걷기조차 힘이 들 지경이었다.

"아니 정말이여, 에누리가 없단 말여?"

"그럼 물건이 부실하겠지, 뭐."

동행하던 사람들은 일제히 고개를 돌려 돌다리 위에 놓인 짚신을 바라보았다. 15문짜리 싸구려 짚신이라면 삐뚤빼뚤하고 부실해 보여야 했다. 그런데 웬걸. 돌다리 위에 놓인 새 짚신은 30문짜리 짚신보다 두 배는 더 튼튼해 보였고 그 짜임새도 빈틈이 없었다. 그들이 여태까지 보아 온 어떤 짚신보다 크고 훌륭했다. 뒤에는 '한 켤레에 15문'이란 가격표까지 써 붙여 놓았다. 사람들은 그 정가표를 신기한 눈으로 바라보았다.

"아니, 저게 15문이라니?"

사람들은 벌어진 입을 다물 줄을 모르고 걸음을 늦추며 그 정신 나간 짚신장수를 불쌍한 눈으로 바라보았다.

"미친 사람일 거야. 그렇지 않고서야 모양 좋고 튼튼한데 값은 반값이라니, 저런 병신이 어디 있나, 쯧쯧쯧…."

장터는 아직 이른 시각이라 물건을 펼쳐 놓느라 분주한 장돌뱅이들만 여기저기 웅성거리고 있었고 물건을 사러 오는 사람은 없었다.

그들은 천천히 발걸음을 옮겨 김이 무럭무럭 나고 있는 청주장터 소머리 국밥집으로 향했다. 젊은 패거리 몇이 앉아 떠들썩하게 국밥을 먹고 있었다. 그들의 화제도 단연 그 짚신장수였다.

"글쎄, 두고 봐, 평생 짚신장수로 마칠 것인가 아닌가. 저럴 바에야 아예 산에 들어가 산적이라도 되는 게 낫지, 저게 남자 꼴인가?"

"아녀, 우리하고 관계를 단칼에 끊는 것 보면 보통사람은 아니야. 위대한 지도자가 될지 누가 아나?"

"위대한 지도자 좋아하시네, 서출 주제에…."

젊은이들은 응구(손병희의 아명)의 집안 내력을 알고 있기에 머리를 저었다.

"인물이 아깝지, 이놈의 세상을 그냥!"

한 젊은이가 침을 탁 뱉으며 뇌까렸다.

"망할 놈의 세상!"

"염병할 놈의 자식들! 아, 닥치지 못해! 밥 먹을 때 조용히 안 하면 아가리를 찢어 버릴겨!"

밥을 푸던 여주인이 냅다 소리쳤다. 청주장터에 소문난 욕쟁이 아줌마였다. 오십이 넘도록 이십 년 이상을 청주장터에서 국밥을 팔고 있었다. 인정사정없이 욕을 해대고 얼굴에 심술이 디룩거렸지만 국밥 솜씨만은 최고였다.

"아, 이 바닥에 응구란 이름 모르는 사람 있으면 나와 보라 그래. 건달인지 협객인지는 모르지만, 얼마 전까지도 우리와 투전판을 돌아다니던 친구 아닌가? 뭐, 자기 말로는 하두 탐관오리들이 활개를 치고 눈에 거슬리는 것이 많아 그런다더구먼."

"그래도 천하의 활량 응구가 짚신장수는 너무 해."

"두고 보자구. 얼마나 가는지."

목소리를 낮춰가며 떠드는 젊은이들은 한때 응구와 함께 청주를 누비고 다니던 패거리들이었다. 그런데 얼마 전부터 그들은 응구를 만날 수가 없었다. 응구가 그들을 상대해 주지 않고 집에 틀어박혀 버린 것이다. 응구는 과거에 함께 뭉쳐 다니던 패거리에게 자기가 도를 닦으려고 공부를 시작했으니 그를 찾지 말라고 당부하였던 것이다. 무슨 도인지 자세히는 모르나 아예 정신이 나가버린 것 같기도 했다. 그러던 어느 날 응구가 짚신장수가 되어 청주장터 돌다리 위에 나타난 것이다.

그때 국밥 한 그릇을 후딱 비운 아까 그 짚신이 나달나달한 등짐장수가 제안을 했다.

"여보게들, 내가 가서 짚신값을 한 번 깎아봄세."

"좋은 생각이구먼유, 히히."

사람들은 눈을 번득이며 웃음을 주고받았다. 여기저기 장터를 돌아다니며 물건을 팔아서 먹고사는 뜨내기요 장돌뱅이들이지만 에누리가 없다는 장수는 처음 본 것이다. 아직 물건을 살 사람들은 별로 장터에 모이지 않은 이른 시각이라 별로 바쁠 것도 없었다.

그들은 오던 길을 되돌아가 돌다리 위에 모였다. 아침 햇살이 눈 부셨다. 뒤에 붙여 놓은 정가표가 환하게 빛나고 있었다.

"저 짚신 한 켤레에 얼마요?"

등짐장수가 한가운데 놓인 새 짚신 하나를 가리키며 큰 소리로 물었다. 그는 15문짜리 짚신이라면 10문 정도에는 살 수 있다 자신하고 있었다. 정가표인지 뭔지는 상관할 것도 없었다. 평생을 장돌뱅이로 잔뼈가 굵은 사람이어서 깎는 데는 이골이 난 것이다.

"15문이요."

응구가 대답했다. 눈부신 아침 햇살을 받아 돌다리 위의 짚신조차 반짝반짝 빛이 나는 것 같았다. 둘러선 사람들은 그들뿐이 아니었다. 여기저기 호기심 있게 그 짚신들을 바라보던 사람들이 하나둘 모여들어 그 짚신장수를 둥그렇게 에워싸고 있었다.

"비싸요, 좀 깎아 주소."

"……."

응구는 대꾸를 하지 않았다.

"좀 깎아 달라니까요? 10문에 주면 내 하나 사겠소. 그리고 여기 있는 사람들 짚신 보슈. 모두 낡지 않았소, 깎아만 준다면 모두 한 켤레씩 살 거요."

등짐장수는 빙 둘러 서 있는 사람들의 낡은 짚신을 가리키며 큰 소리로 말했다. 등짐장수는 10문이라면 열 개라도 사서 팔면 남는 장사지, 하며 마음속으로 계산하고 있었다.

"……."

응구는 계속 말이 없었다.

"벙어린가벼."

그러나 앞에서 흥정을 하다 짚신장수와 눈이 마주친 등짐장수는 입이 얼어붙은 듯 잠시 말이 없었다. 짚신장수는 허우대가 컸고 형형한 눈빛에 그 누구도 따라갈 수 없는 대장부다운 기개가 흘러넘치고 있었다.

"깎아 줄 거요, 안 깎아 줄 거요? 아니, 이 짚신 팔 거요, 말 거요?"

등짐장수는 뒤로 물러났다. 이때 청주 친구 집에 놀러 왔다 우연히 구경꾼 틈에 끼게 된 말쑥하게 차려입은 양반 한 사람이 말했다.

"그럼 내 30문 내리다, 하나 주쇼. 자 어서 싸 주쇼."

"15문입니다. 15문에서 더도 덜도 안됩니다."

비로소 응구는 입을 열었다.

"예끼, 이 사람, 더 주겠다는데도 안 팔아?"

"15문입니다."

응구는 돌다리 위에 붓글씨로 또박또박 써 붙여 놓은 가격표를 가리키며 말했다.

"자, 30문이네. 이 짚신은 아주 물건이 훌륭해. 그래서 내가 30문에 사는 걸세."

"……."

응구는 대답 대신 지그시 눈을 감고 꿈쩍도 않고 그 자리에 앉아 있었다.

"이 사람아, 돈 받게 돈."

양반은 돈을 꺼내 들고 재촉했다. 그러나 응구는 눈을 뜨지 않았다. 두 사람이 별난 실랑이를 하는 것을 보고 등짐장수 일행과 둘러섰던 청주장터 장돌뱅이들은 왁자지껄 웃음을 터트렸다. 젊은 패거리들은 좀 떨어진 곳에서 기이한 이 광경과 돌다리 위에 돌부처처럼 앉아 있는 응구를 흘끔거리며 바라보고 있었다. 아무래도 정해진 15문을 받겠다는 응구의 고집을 꺾을 수는 없을 것 같았다.

시간이 지나자 제풀에 지친 사람들도 패거리들도 모두 우르르 어디론가 흩어졌다. 신발을 30문에 사려다 실패한 양반도 어디론가 가 버렸다.

그들이 사라진 후에도 응구는 계속 눈을 뜨지 않았다. 진열해 놓은 열 켤레 새 짚신과 장돌뱅이들마저 난생처음 보는 '한 켤레에 15문'이라는 정가표가 아침 햇살 속에서 더욱 뚜렷하게 빛을 발하고 있었다.

'나 손응구는 더도 말고 덜도 말고, 이 세상 모든 것이, 제값을 받는 세상을 만들고 싶다. 인간이 제값을 받는 세상을 만들고 싶다….'

그는 눈을 감고 꿈꾸듯 생각에 잠겨 주문을 외고 있었다.

"시천주조화정 영세불망만사지."

돌다리 위에 둥그렇게 둘러섰던 군중 뒤에 서 있던 손천민은 흩어져 가는 사람들 속에 끼지 않고 다리 위에 그대로 서 있었다. 천민은 응구의 조카가 되나 나이는 응구보다 일곱 살이나 위였다. 그가 이 세상에서 가장 아끼고 사랑하는 사람이 그의 삼촌 응구였다.

2.

응구의 어머니 최씨부인은 응구가 태어나기 전 어느 날 꿈을 꾸었다. 꿈속에서 같은 동네에 사는 여러 부인들과 같이 고향 동네 청주군 북이면 대주리의 뒷산, 즉 망월산에 올라가 달마중을 하는데, 잠시 후 동녘 하늘이 환하게 불타오르는 듯하더니 해가 불쑥 솟아올랐다. 놀란 최씨 부인은 기쁨에 큰 소리로 "해가 떴다!" 하고 소리를 질렀다. 그러자 같이 간 다른 여자들도 놀라 기뻐하며 손뼉을 쳤다. 그런데 이상한 것은 그 해가 뜨자마자 그녀가 있는 망월산 쪽으로 가까이 오는 것이었다. 이 광경을 바라보고 있던 여인들은 서로서로 치마폭을 벌리면서 그 신기한 해를 받아 가려고 했다. 이를 본 최씨부인도 다른 사람에게 지지 않게 치마폭을 벌려 앉아 있었다. 그러자 해는 몇 사람을 지나 최씨부인의 치마폭으로 굴러들어와 빛을 발하고 있었다. 최씨부인은 그 해를 행여나 놓칠세라 단단히 부둥켜안고 집으로 돌아오다가 꿈을 깨었다. 최씨부인은 다음 해인 철종 13년 1861년 4월 8일에 아들을 낳았다. 후일 3.1독립운동을 주도한 민족대표 33인 중의 대표요 지도자인 의암 손병희가 이 세상에 태어난 것이다.

의암 손병희의 어릴 때 이름이 응구였다. 그의 아버지도 응구가 태어나던 날, 집 뜰에 있는 우물에서 무지개가 솟더니 산실로 들어가는 것을 보고 큰 인물이 날 징조이니 아이를 잘 길러보자고 최씨부인과 굳게 약속을 하였다.

어린 시절, 응구가 태어나고 자란 초가집 앞으로는 탁 트인 드넓은 들판이 펼쳐져 있었다. 아침에 눈을 뜨면 들판의 동쪽에서 해가 떠오르는 것이 보였다. 어린 응구의 눈에 해는 둥글고 넓은 하늘을 향해 달려 나오는 찬란한 금빛마차였다. 그 금빛마차는 점심때가 되면 더욱 크고 눈부시게 변해 하얗고 빨갛게 이

글거리며 끝없이 푸른 하늘을 달리고 또 달렸다. 그 아래 펼쳐진 초록 들판에서는 오곡백과가 풍성하고, 논과 밭에서는 농부들의 흥겨운 노랫가락이 들렸다. 날이면 날마다 어울리며 뛰노는 어린 친구들이 있어 이 세상은 천국이요 부족한 것이 없다고 생각한 응구였다.

어린 응구는 금빛마차를 타고 달려나가는 왕자가 되기도 하고, 하루 종일 머리 위에서 빛나는 햇살을 축복처럼 받으며 미래의 큰 꿈을 키우기도 했다. 응구는 하늘만 바라보면 이 세상에서 가장 행복한 아이가 되었다. 그도 온 세상을 밝게 비추는 훌륭한 어른이 되리라, 어린 마음에 다짐하며 두 주먹을 불끈 쥐기도 했다. 하늘은 그를 두둥실 태우고 우주 끝까지 날아가 주는 그의 친구요, 동반자였다. 눈을 뜨면 광활한 하늘이 그의 머리 위에 펼쳐져 있었고 빛나는 태양이 있어 어린 응구는 그 누구보다 씩씩했고 용감할 수 있었다.

응구는 자라며 더욱 하늘을 올려다보는 시간이 많아졌다. 외롭고 온 세상이 그에게 등을 돌릴지라도 그는 하늘만 바라보면 힘이 났다. 아침에 눈을 뜨면 하늘에게 감사했고 하늘과 대화하며 하루를 살았다. 하늘과 더불어 사는 것이, 하늘처럼 사는 것이, 진정한 인간의 길이요, 진정한 인간의 도리라고 응구는 생각했다. 비가 오고 바람이 불고 눈보라가 치더라도 응구는 그 위에 항상 푸르게 빛나는 하늘을 생각하며 기운을 냈다. 하늘, 하늘, 하늘. 이제 하늘은 그의 가슴 한가운데로 들어와 자리 잡고 그와 함께 숨 쉬며 그를 인도하고 있었다. 하늘은 어려서나 어른이 되어서나 그를 향해 빙그레 웃으며 그를 지켜 주는 주인이었다.

그러나 어린 손응구에게 있어 이 세상은 그가 꿈꾸던 곳이 아니었다. 그가 꿈꾸는 이 세상은 훨씬 더 아름답고 훨씬 더 풍요롭고 행복한 곳이어야 했다. 차츰 자라나면서 주위 사람들의 차가운 시선 속에서 입은 크나큰 상처가 항상 그를 짓누르고 있었다.

응구의 아버지는 청주 관아의 아전이었다. 응구의 아버지는 첫 부인 전주이씨가 첫아들을 낳고 33세에 죽자 둘째 부인 경주최씨와 결혼하여 응구를 출산하였다. 남달리 어릴 때부터 어른스럽고 도량이 넓고 배포가 큰 그였지만 자라나면서 그가 적자가 아니고 둘째 부인으로부터 난 아이로 서자 취급을 받는다는 것을 알게 된 후 어린 그의 마음에는 어머니에 대한 사랑과 아버지에 대한 원망이 쌓여갔다.

그가 7세 되던 해 어느 날, 이웃 마을에서 잔치가 있었다. 어린 응구도 다른 동네 아이들과 함께 잔칫집에 갔다. 그 잔칫집에서 아이들에게 떡을 나누어 주었다. 응구는 그 떡을 집으로 가져가 어머니를 기쁘게 해 드리고 싶었다. 그의 어머니는 항상 힘들게 일을 하고 있었고 이런 잔칫집에는 잘 오시지 않았던 것이 항상 어린 그를 안타깝게 했었다. 그런데 잔칫집에서 떡을 큰 아이들에게는 한 그릇씩 담아주고 작은 아이들에게는 손에 두 개만을 쥐여주는 것이 아닌가. 잔칫집에서 떡 한 그릇을 가져다 어머니를 기쁘게 하려던 그의 기대가 사라지자 겨우 일곱 살에 지나지 않은 응구는 그 자리에서 떡 두 개를 바닥에 내동댕이치고 씩씩대고 집으로 달려갔다. 이를 본 동네 사람들은 영문도 모른 채 그 후 어린 그를 '욕심 많은 아이'로 부르기도 했다.

응구가 9세 되던 어느 날 응구의 아버지 의조공은 "응구야." 하고 불렀으나 응구는 대답을 하지 않았다. 대신 응구는 아버지를 향하여, "이제부터 집에서 저에 대한 차별을 없애주지 않는다면 저는 죽어도 아버지라 부를 수 없습니다. 왜 다 같은 아들인데 차별을 두십니까?"라고 항의하며 어린 마음의 상처를 털어놓았다.

아버지는 다시는 그런 말이 나오지 않게 하려고 회초리로 응구의 종아리를 때리면서 아버지라 부르겠다는 항복을 받으려고 하였으나 응구는 그대로 서서 피가 날 때까지 매를 맞고 있었다. 이것이 부자간에 한이 되어 아버지는 임종을 당하여서도 "단 한 번만이라도 나를 아버지라고 부르는 소리를 듣고 싶구나…"라며 숨을 거두었다.

응구가 16세 되던 해, 그는 결혼 후 처음으로 성인이 되어 선산에 제사를 지내기 위해 일가친척들과 함께 마을 뒤 망월산으로 갔었다. 이때 함께 참배를 하기 위해 제석에 들어간 그를 서손이라며 문중 어른들이 밀어내었다. 화가 치민 응구는 어디선가 삽을 가져와 묘를 파기 시작했다.

"조상의 무덤 앞에서 절마저 할 수 없다니! 나 응구도 조상의 뼈라도 나누어서 따로 참배를 해야겠습니다!"

그는 삽질을 하며 소리쳤다. 그의 말과 행동을 보고 놀란 문중의 어른들이 결국 참배를 허용하였다. 이리하여 집안에서는 감히 그를 업신여기지 못했다. 그러나 천성이 호걸이요 호방한 성격에 어려서부터 의협심이 강해서 주위로부터 '큰 인물'이 될 거라고 여겨졌던 그였지만 사회로부터 받는 차별과 제약 등 질곡을 헤쳐나가기는 혼자 힘으로는 거의 불가능해 보였다.

손천민은 청주 관아의 이방으로 있으면서 비밀리에 동학에 입도해 수도와 포덕에 열중하고 있었다. 심심찮게 떠도는 응구에 관한 이야기를 천민은 누구보다 가까이서 들으며 살아왔다.

응구가 12살 되던 해, 심부름으로 공금 40량을 관가에 바치려고 길을 가다 눈길에 쓰러져 거의 얼어 죽게 된 사람을 근처 주막에 업고 가서 주인에게 공금 40량 중 30량을 선뜻 내주면서 치료해 주기를 당부하고 살린 얘기, 심지어 어릴 때 복동이라는 친구에게 자기 아버지의 돈까지 훔쳐 내가도록 일러 주어 그 돈으로 죽을 뻔한 복동이 아버지의 목숨을 구해 낸 일도 들어 알고 있었다. 이때 응구의 아버지는 '이제 우리 집안의 흥망은 응구에게 달렸다'고 하면서 더 이상 책망하지 않았었다.

응구가 17세 되던 어느 날 어떤 양반이 말 꼬리에 거의 죽게 된 사람을 달고 달려가는 것을 구경꾼들 틈에서 지켜본 응구는 의분을 참지 못하여 낫을 들고 달려가 단번에 말꼬리를 자르고 말에 매달려 신음하는 사람을 풀어주고 "어찌 사람이 이리 악독할 수가 있느냐?"고 말 주인에게 호통까지 쳐서 그 위세에 놀란 말 주인이 혼비백산해서 도망치게 했다는 소문도 들었다.

20세 때에는 장터에서 300냥이 든 돈주머니를 주웠었는데, 그 돈주머니의 주인을 찾아내어 그것을 그냥 건네주었다. 그 돈주머니의 주인이 고맙다는 표시로 그 돈의 반액을 응구 앞에 내놓으며 주려 했으나 "내가 돈에 욕심이 있었다면 무엇 때문에 주인을 찾아 주었겠소?" 하면서 거절하기도 하였다.

언젠가는 전염병으로 인해서 온 집안 식구가 모두 죽어 아무도 발을 들여놓으려 하지 않는 집에 들어가 직접 손으로 장사까지 지내 주었고, 21세 되던 어느 날은 초정약수터에서 두 양반이 위세를 부리며 약수터를 차지하고 나가지 않자 "물을 먹는데도 양반과 쌍놈의 차별이 있단 말이냐! 나도 물 좀 마셔야겠다!" 라고 하며 바가지를 들고 약숫물을 떠서 먼저 벌컥벌컥 마신 후 주위에 있는 사람들에게 돌린 일도 있었다. 이때 그 자리에서 그에게 호의적이었던 한 양반에게 약수 한 바가지를 떠서 주며 응구가 읊었다는 시를 천민은 기억하고 있었다.

비록 가시나무라 이를지라도 핀 꽃은 아름답고,
더러운 못에 연꽃이라도 향기는 더욱 좋더라.
예와 지금 양반과 상놈이 무엇이 다름이 있으랴,
초정에 마음을 씻으니 사람은 평등이더라.

조카 천민은 이 모든 응구의 어린 시절 무용담을 집안에서 가까이 들으며 경탄과 호기심으로 응구를 대했었다.

"응구 삼촌!"

그는 돌다리 위에 짚신을 펴 놓고 앉은 응구를 불렀다. 그러나 대답이 없었다.

"응구 삼촌, 아침 먹으러 갑시다."

그러나 응구는 여전히 눈을 감고 돌부처처럼 앉아 있었다. 삼촌의 성격을 누구보다 잘 아는 천민은 혼자 천천히 발길을 돌렸다.

3.

응구가 태어난 철종 말년은 극히 혼란스러웠다. 가뭄이 심하였고 홍수가 나기도 했고 도둑들이 들끓었으며 각 지방에서 걷잡을 수 없이 민란이 일어났다. 탐관오리를 규탄하며 관청과 민가에 불 지르고 혹은 옥문을 부수어 죄수를 석방하기도 하였다. 바다에는 처음 보는 외국기선들이 나타나기 시작했다. 또, 처음 북경을 통하여 알려진 천주교도 우리나라에 들어와서 그동안에 많은 박해를 받으면서도 꾸준히 퍼지기 시작하여 이 나라의 새로운 사상종교로 등장하였다. 철종이 승하하고 대원군이 집정하면서부터 국정 전반에 걸쳐 쇄신의 요구가 팽배하고 있었다.

손천민은 일찌감치 동학교도가 되어 활약하고 있었다. 동학교도들을 잡아 죽이는 때였지만, 그는 관가의 눈을 피해 가면서 동학의 포교에 힘쓰고 있었다.

"동학은 곧 천도(天道)입니다. 천도를 잘 믿으면 삼재팔난을 면할 수 있습니다."

어느 날 천민은 응구에게 말했다.

"그래?"

"네, 그것들을 면할 수 있다는 말입니다. 제가 동학을 믿는데, 그 말씀을 전해드리러 왔지요."

"이봐, 나 응구는 말야, 그 삼재팔난이 빨리 와서 이놈의 세상이 콱 망해버렸으면 좋겠네."

응구의 말에 천민은 깜짝 놀랐다. 응구는 계속 떠들어 대었다.

"이놈의 세상, 오래 살아서 무엇하나? 사내대장부가 죽기가 무서워서 삼재팔난을 면해 보겠다고 숨어 다니면서 동학을 한단 말야? 난 어서 그 삼재팔난인가 뭔가 하는 것이 들어와서 누구보다 먼저 죽고 싶어."

그러나 천민은 계속하여 응구에게 입도를 권유했다. 천민이 응구를 입도시키려 하자 동학교인들은 모두 머리를 좌우로 흔들고 안된다고 하였다.

"그 사람은 불량자 같고 위험한 인물이라구."

"안 돼, 입도시켰다가 그 사람 비위라도 거슬리면 큰일 나지."

"아마 우리를 사정없이 밀고해버릴 것이야."

"아예 그런 말은 꺼내지도 말게."

반대는 완강하였다.

"자네나 잘 해 봐."

응구 역시 무관심했다.

"동학은 삼재팔난을 면하게 하기도 하지만, 보다 많은 진리가 들어 있어요."

천민은 포기하지 않고 응구 삼촌을 계속 설득하였다. 결국 동학교인들은 천민의 열성에 탄복하여 응구를 방문하여 동학 교조 최제우와 2세 교조 최시형의 '보국안민', '포덕천하', '광제창생'에 관해 설명하여 주었다.

"동학은 무엇보다 사람 섬기기를 하늘같이 하자는 것이지요."

"동학은 양반과 상놈이라든가 적자와 서자, 부자와 가난한 사람, 늙은이와 젊은이, 남자와 여자 등의 차별을 없애고 좀 더 살기 좋은 세상을 만들려는 생각을 가진 사람들의 모임이요."

"쉽게 말하면, 남을 괄시나 천대도 하지 말고, 또한 남으로부터 천대나 괄시도 받지 않고, 모든 사람이 제대로 대접 받는, 그런 좋은 세상을 만들자는 것이 동학의 목적이지요."

동학교인들의 말을 잠자코 듣기만 하던 응구는 그제야 웃으며, "그건 바로 사내대장부로서 내 마음에 항상 간직하고 있던 이상입니다. 그런데 나보고 왜 보국안민이나 지상천국 등에 대한 진리는 이야기하지 않고 삼재팔난을 면한다고만 하니 거절했지요." 하고 입도의 뜻을 밝혔다.

응구가 동학에 입도한 해가 1882년, 그의 나이 22세, 고종 19년이었다. 이후 응구는 동학교인들 사이에 그의 본명인 손병희(孫秉熙)로 알려지기 시작했다.

동학교인이 된 얼마 후 응구는 천민의 주선으로 동학 2대 교조인 해월 최시형(崔時亨) 선생을 만났었다. 해월 선생은 응구가 열심히 수련하여 큰 일꾼이 되기를 당부했다. 응구는 '천지일월이 가슴에 들어오니, 천지보다 큰 것이 제 마음'이라는 내용의 시로 이에 답했다. 추적을 피해 깊은 산골로 계속 도피 중이었던 해월 선생은 응구에게 수련하는 방법으로 "그대는 3년 동안 매일 짚신 두 켤레씩을 어김없이 삼으면서 주문을 정성으로 외우도록 하게." 하고 일러주었다. 그리고 항상 몸가짐을 겸손하게 하고 부와 재물을 탐하지 말고 검소하게 살기를 당부했었다. 그 후 응구는 완전히 새로운 인간으로 재출발했다.

해월 선생의 말대로 매일 짚신을 두 켤레를 삼고 주문 삼만 독을 실천했다. 처음에는 삐뚤빼뚤하던 그의 짚신이 갈수록 매끈해지고 아무리 어두운 밤이라도, 그는 눈을 감고도 짚신을 삼을 수가 있게 되었다. 그리고 그는 닷새에 한 죽씩 짚신을 지고 나가 청주시장 돌다리목에 나가 팔아 살림에 보탰다. 짚신 삼기는 수도의 수단이었지만 당장 식구들의 먹을 것을 마련하기 위한 방안이기도 하였다.

돌다리를 벗어난 천민은 걸음을 재촉했다. 어려서부터 남달리 의협심이 강하고 대범한 응구 삼촌을 그는 너무도 사랑했다. 천민은 눈을 들어 하늘을 바라보았다. 온누리에 찬란한 햇살이 퍼져나가고 있었다. 이제 그토록 반대하던 응구 삼촌도 동학에 들어왔다. 동학교도로서 천민은 평생을 그와 같이할 것이었다. 천민은 기운이 펄펄 났다.

돌다리 위에 앉아 있던 응구도 눈을 들어 하늘을 바라보았다. 찬란한 햇살은 그의 얼굴과 몸, 손과 발, 가슴속까지 파고들어 구석구석 밝고 환하게 비추고 있었다. 하루 종일 그의 머리 위에서 눈 부신 빛의 향연을 벌이던 햇살은 시간이 지날수록 영롱하게 변해 가며 일곱 가지 무지갯빛으로 하늘을 물들이기 시작했다. 응구는 하늘을 우러러 심호흡을 몇 번 하고 두 손을 번쩍 들어 올렸다.

저녁이 되자 제값에 팔고 남은 짚신을 어깨에 멘 응구는 집으로 발걸음을 재촉했다. 무엇보다 아내가 끓여주는 따뜻한 수수죽 한 그릇이 그리웠다. 집에 쌀이 떨어진 지는 오래였다. 오늘도 마음씨 착한 그의 아내는 여느 때처럼 김이 모락모락 나는 수수죽을 끓여 놓고 어머니와 딸, 온 식구가 둘러앉아 그를 기다리고 있을 것이었다.

그의 아내는 양반집 출신이었다.

응구의 나이 15세 되던 어느 날. 장차 장인이 될 곽 노인이 혼사 일로 응구네 집을 방문하여 신랑이 될 응구를 보고서, "신랑감으로는 나무랄 데가 없다."고 했으나 서자가 되어서 꺼리는지 확실한 승낙을 하지 않고 돌아가려 했다. 이것을 보고 응구는 달려나가 집으로 돌아가는 곽 노인을 중간에서 따라잡아 길을 막고 따졌다.

"제가 무엇이 부족하다는 것입니까? 그냥은 못 가십니다. 결혼을 못 시키겠다면 선 본 값이라도 내고 가셔야죠. 결혼을 승낙하시든가 제게 선 본 값을 내시든가 오늘 여기서 양단간에 결정을 지으십시오."

곽 노인은 당황했으나 결국 응구의 남자다움에 감탄해 혼인을 승낙하였다. 응구는 삼 개월 후에 결혼하였고 이때 부인의 나이는 18세였다.

집으로 돌아온 응구는 최근 들어 몰라보게 수척해진 부인을 보며 위로의 말을 건넸다.

"부인 힘들지요? 조금만 더 참으면, 내 어떻게든 우리 식구 살길을 찾아보리다."

그동안 잘 알고 지내던 장터 쌀가게 주인까지도 외상으로 쌀을 달라는 그에게 더 이상 쌀을 꾸어주지 않았다. 어쨌거나 이런 상황에서 수수죽이라도 굶지 않고 먹을 수 있으면 다행이었다. 그래서 매번 아내가 수수죽을 끓여 내오면 응구는 고마웠다.

"정말 고마워요, 잘 먹겠소."

밥상을 차려 내는 일은 응당 아내가 할 일이었지만, 동학에 입도한 이후로 응구는 항상 밥상 앞에서 묵상을 하고, 부인에게 감사하는 것을 잊지 않았다. 어머니도 눈에 띄게 달라진 아들의 모습을 보고 몹시 놀라워했다. 사실 응구는 하루 종일 돌다리 위에 쭈그리고 앉아 축문을 외우느라 시장한 것도 잊고 있었다. 그에게 저녁에 먹는 한 그릇의 수수죽이야말로 하늘이 내린 음식이요, 축복이었다.

간단히 저녁을 먹은 응구는 어두워지자 마루로 나와 달빛에 의지해서 짚신을 삼기 시작했다. 이제 짚신은 칠흑같이 어두운 밤에도 눈을 감고서도 삼을 수 있을 만큼 그의 손에 익숙한 물건이 되어갔다. 짚신은 더 이상 짚신이 아니라 그의 기도의 도구요, 천국으로 항해하는 배 같은 존재였다.

응구는 돌다리 위에 쭈그리고 앉아 짚신장수 노릇하기가 무척 힘이 들었으나 수도하는 마음으로 열심히 짚신을 삼았다. 한때 응구는 뚜렷이 하는 일 없이 지내며 방탕한 생활을 하기도 하였으나 동학에 들어간 그 날부터 그의 행동은 크게 달라져 그는 과거에 그를 유혹하던 술과 도박과도 모두 인연을 끊었다. 그의 인생에서 방랑은 끝났고 새 생활이 시작된 것이다. 제2세 동학교조인 최시형 선생이 펼치고 있었던 '인간은 평등하고 존중 받아야 하며 사람 공경하기를 한울님같이 하라'는 사상에서 그는 한 줄기 희망의 빛을 보았다. 해가 갈수록 그의 도심은 깊어갔다.

4.

31살이 되어 응구는 진천의 방동으로 옮겨갔다. 기도에만 더욱 전념하기 위해서였다. 그러나 주문 외기와 기도생활에 전념할수록 응구의 생활은 점점 더 곤궁해졌다. 기도생활에 전념할수록 그나마 먹던 수수죽조차 먹기 힘들게 되었고 며칠씩 굶는 날도 많았다. 바깥세상도 갈수록 혼란스러워져만 갔다. 동학교도인 응구의 기도가 깊어질수록 관가의 감시도 심해지기만 했다.

그러던 어느 날, 기도를 봉행하고 돌아와 보니 아내의 행동이 여느 때와 달랐다. 저녁때가 되었는데도 집에서는 연기가 오르지 않았고 죽 끓이는 냄새도 나지 않았다. 끼니때가 되었는데 아내는 무얼 하고 있었단 말인가.

"왜 그러오?" 그는 또 양식이라도 떨어진 것이 아닌가 싶어 조심스레 물었다.

"저… 솥이, 밥솥이 또 깨졌어요, 솥단지가…."

아내가 힘없이 말했다.

"뭐라구, 솥단지가 깨졌다, 또 솥단지가 깨졌다고? 솥단지가 있어야 밥을 하고 그 밥을 먹어야 축문도 욀 수 있을 텐데…."

응구는 몇 차례나 땜빵을 하며 그럭저럭 써왔지만 이제 아주 쓸모없이 깨져버린 솥단지를 바라보며 중얼거렸다. 기도와 주문만 외우며 살다 보니 생활이 곤궁해져 새 솥단지를 살 형편도 못되었다.

"솥단지가 깨졌다, 솥단지가 깨졌다…."

그는 정신 나간 사람처럼 사립문 밖으로 나가 집 주위를 돌기 시작했다. 돌다가는 가끔 하늘에 호소하듯 두 손을 높이 쳐들었다.

"솥단지가 깨졌다, 솥단지가 또 깨졌다…."

그는 땅을 향해서도 하소연하는 듯 두 팔을 벌렸다. 그는 팔을 올렸다 내렸다 하며 집 주변을 돌고 또 돌았다. 중얼거리다 외치고 외치다 중얼거리며 몇백 번을 돌았을까. 집 뒤에 버린 물건들이 널려 있는 덤불 속에서 조그만 질그릇 하나가 눈에 들어

왔다. 누가 쓰다 버린 보잘것없는 질그릇이었으나 당장 죽을 끓여 먹을 수는 있었기에 아내는 하늘이 내린 솥단지라며 그 질그릇을 소중하게 안고 부엌으로 사라졌다.

참담한 마음으로 초라한 아내의 뒷모습을 뚫어지게 바라보던 응구의 머리에 한 생각이 스쳐 지나갔다.

"깨진 솥단지는 이제 쓸모가 없다. 깨진 솥단지는 더 이상 쓸모가 없다. 버려라!"

마당 한 구석에 나뒹굴고 있는 깨진 솥단지를 아쉬운 듯 보고 또 보고 있는 자신의 모습이 우스워 응구는 큰 소리로 하늘을 향해 웃었다. 이제 더 고칠 수도 없이 깨져 버린 솥단지는 과감히 버려야 했다. 응구는 다음 순간 두 손을 번쩍 들어 하늘을 우러러보았다.

"새 세상엔 새 솥단지가 있어야 한다. 망가져 버린 세상, 더 이상 고쳐 쓸 수도 없는 이 세상, 미련도 버려라."

생각은 이제 외침이 되어 터질 듯이 그의 고막을 울리고 있었다.

"버려라, 버려야 산다."

해는 이미 서산에 걸려 있었다.

"나 손병희는, 더도 말고 덜도 말고, 짚신도, 사람도, 제값을 받는 세상을 만들 것이다. 이 세상 만물이 제대로 대접받아 조화롭게 사는 새 세상을 만들 것이다. 하늘은 날 도우소서!"

응구는 집을 나와 동쪽을 향하여 걸어갔다.

마지막 햇살이 응구의 등에서 환하게 빛나고 있었다. 석양이 만들어 낸 응구의 긴 그림자가 그를 앞서가며 덩실덩실 춤을 추고 있었다.

흥남의 마지막 배-빅토리호

VICTORY - THE LAST SHIP OUT OF HUNGNAM HARBOR

1.

변호사 밥은 뉴욕 공항에서 김 신부를 태운 후 곧장 수도원을 향해 차를 몰았다. 갑자기 날이 흐려지고 눈보라가 치기 시작했다. 그렇다고 임종이 임박한 수도원의 마린 신부를 방문하는 일을 포기할 수는 없었다. 밥에게 연락을 한 수도원장은 마린 신부가 내일을 기약하기 어렵다고 말했었다.

그들이 처음 만난 것도 그 수도원에서였다.

"한국에서 온 김 바오로 신부네, 한국전쟁 중 빅토리호에서 태어난."

빅토리호의 선장이었던 마린 신부는 밥에게 한국에서 온 김 바오로 신부를 소개해 주었었다. 마린 신부는 고령으로 휠체어에 의지해 있었다. 변호사 밥은 김 신부의 손을 덥석 잡고 흥분된 어조로 말했었다.

"제가 바로 그 빅토리호의 부선장이었습니다!"

"정말입니까?" 김 신부는 참으로 놀랍고 반갑다는 표정을 지었었다.

"그 배에서 다섯 명의 아기가 태어났지요."

그때 그 배에서 태어난 다섯 아기 중 하나가 반세기도 넘어 가톨릭 신부가 되어 나타나다니. 얼마나 만나고 싶었던가. 밥은 와락 김 신부를 끌어안았다.

1950년 12월 차디찬 흥남부두….

당시 그 배의 젊은 부선장이었던 밥은 한국전쟁 후 법대를 나와 뉴욕에서 변호사로 일하고 있었다.

"그렇다면 당신 이름은 '김…치'?"

밥은 장난기 있게 김 신부에게 물었다,

"어머님 말씀이 배 안에서 미국 선원들이 날 '김치 베이비'라고 불렀다고 하더군요." 하며 김 신부는 웃었다.

"김치가 우리가 아는 유일한 한국말이었소. 그래 김치1, 김치2, 이렇게 이름을 지어 불렀지요…. 정말 미안합니다."

"괜찮아요, 이해가 갑니다. 저는 제 이름이 자랑스럽습니다."

김 신부가 대답했다.

"흠… 그런데, 부친께서는 어떻게 되셨나요?"

"제 아버님은…." 김 신부는 문득 말을 멈추고 깊은 한숨을 지었다.

괜한 것을 물었구나, 밥은 후회했다. 밥을 손을 저으며, "아, 됐습니다." 하고 말했다. 그는 김 신부에게 다가가 그의 등을 두드렸다. 사실 그는 무슨 소리가 나올까 두렵기도 했다. 한국전쟁이라는 커다란 상처를 지닌 한국 사람과는 깊은 이야기를 나눌 수 없다고 그는 생각했다.

"아, 괜찮습니다. 아버님은 그때 흥남부두에서 일찌감치 배를 타긴 탔었는데… 그런데, 부두에 남은 사람들이 한 사람이라도 더 타려고 목숨을 걸고 매달리는 것을 보고, 마지막 순간에 배에서 내리셨다고 합니다. 그 뒤로는 영영…."

김 신부는 말을 맺지 못했다. 밥은 정말 괜한 것을 물었다고 후회했다.

"제 어머님은 저를 키우느라 무진 고생을 하셨습니다, 어머님은 평생 아버님을 기다리셨습니다. 통일의 그 날을 기다리며 매일매일 기도하시다… 얼마 전에 돌아가셨습니다."

말을 마친 김 신부는 천천히 성호를 그었다. 두 사람 사이에 깊은 침묵이 흘렀다.

김 신부의 얼굴에서 밥은 한 척의 배를 보았다. 1950년, 참혹했던 겨울, 불타는 흥남부두를 최후로 빠져나온 마지막 배, 빅토리호를.

2.

변호사 밥은 젊은 시절 배를 탔었다. 그러다 생전 들어본 적도 없는 한국이란 나라에서 전쟁이 터졌다.

"1950년 6월 25일, 고요한 아침의 나라 코리아에 전쟁 발발…"

급박한 상황을 알리는 보도는 숨가쁘게 전 세계로 퍼져나갔다.

전선은 삽시간에 부산까지 밀렸다. 유엔 안전보장이사회 결의로 미국을 포함한 영국, 캐나다, 터키, 호주가 군대를 보내왔다. 또 필리핀, 태국, 뉴질랜드, 네덜란드, 콜롬비아, 그리스, 프랑스, 벨기에, 룩셈부르크, 에티오피아, 남아공 총 16개국이 연이어 군대를 보내왔다. 스웨덴과 인도, 덴마크, 노르웨이, 이탈리아의 5개국은 의료지원부대를 파견했고 전 세계 60개국 이상이 한국을 지원했다.

밥이 부선장으로 일하던 빅토리호는 7천6백 톤에 정원이 60명인 화물선으로 전쟁 물자를 실어 나르는 일에 차출되었다. 빅토리호는 닥치는 대로 군수물자를 날라야 했다. 군인들이 먹을 레이션 박스에서부터 제트오일까지. 그것은 지극히 위험하고 힘든 일이었다.

유엔군 사령관 맥아더 장군의 극적인 인천상륙작전이 성공하였다. 유엔군은 크리스마스 이전에 전쟁을 끝내기 위해 총공세를 폈다. 그러나 그 계획은 30만 중공군의 인해전술에 의해 저지되고 말았다. 미 해병대 제1 사단을 포함한 2만 5천 명의 유엔군은 최북단 함경남도 장진호로 진격해 가고 있었다. 그들이 장진호에서 중공군에게 완전히 포위당했다는 뉴스가 전 세계에 퍼져나갔다. 장진호의 상황을 보고 받은 맥아더 사령관은 알몬드 장군에게 피해가 더 커지기 전에 철수하라고 명령했다.

그때가 바로 밥이 탄 빅토리호가 전투비행기 연료로 쓰일 제트오일을 잔뜩 싣고, 지뢰밭을 헤치고, 흥남항에 들어갔을 때였다. 밥은 배 위에 서서 쌍안경으로 부두를 지켜보았다.

유엔군이 후퇴한다는 소식이 전해지자, 많은 사람들이 흥남으로 몰려들었다. 부두는 연일 몰려드는 피난민에 혼란스럽기 짝이 없었다. 흥남부두에는 20만 명이 넘는 피난민들이 집결하여 추위와 허기, 눈보라와 싸우며 그들을 남쪽으로 실어다 줄 배를 기다리고 있었다. 그러나 알몬드 장군은 그가 이끄는 제10군단의

10만여 군인들을 철수할 방도를 찾기에도 힘겨웠다. 미 제10군단 민사부 고문 현봉학, 포니 대령 등은 알몬드 장군을 찾아가 피난민들을 남쪽으로 데려가기를 끈질기게 애원하고 설득했다.

알몬드 장군은 일본과 부산으로 피난민 구원요청을 필사적으로 타전했다. 마침내 피난민을 남쪽으로 싣고 갈 LST와 수송선이 흥남부두에 도착했고 피난민들은 눈보라 속에 배에 오르기 시작했다. 부두 한쪽에는 미군이 군인과 피난민을 한 사람이라도 더 태우기 위해 포기한 온갖 병기와 군용물자가 산더미처럼 쌓여 있었다. 흥남항 가까이 다가온 중공군과 유엔군 사이에는 최후의 치열한 전투가 벌어지고 있었다. 포성과 총성이 천지를 뒤흔들고 있었다.

LST와 수송선들은 한국 피난민들로 꽉꽉 들이찼다. 트럭이나 탱크 위아래, 지하창고에서 꼭대기까지 온통 피난민들로 뒤덮였다. 미 공병대는 부두에 쌓인 엄청난 양의 무기와 군수품들이 적의 수중에 넘어가는 것을 막기 위해 폭파장치를 설치했다.

군수송선 레인 빅토리호, BM 501호, 버지니아 빅토리호, LST 661호, 요나야마 마루호, 토바트 마루호, 마다 케트호, LST 668호, LST 059호, LST 081호 LST 074호 등 약 2백 척의 배가 흥남과 원산, 이원 등에서 10만여 명의 피난민을 싣고 속속 남쪽으로 향했다. 미처 배를 타지 못한 피난민들은 부두에서 울부짖고 있었다.

1950년 12월 23일, 마린 선장이 이끄는 빅토리호는 60명이 정원인 배에 1만 4천 명의 한국 피난민을 태우고 눈보라를 헤치며, 엄청난 폭음과 함께 거대한 화염에 싸인 흥남항을 최후로 빠져나왔었다.

3.

김 신부의 표정은 어두웠다. 자신이 한국에서 너무 늦게 온 것을 후회하고 있었다. 김 신부는 말없이 앉아 차창 밖의 풍경을 지켜보았다. 나무들이 더 울창해지고 있었다.

'크리스마스트리….'

김 신부는 마린 신부님이 계신 수도원의 어린나무들을 생각했다. 그곳 수도원의 사제와 수도사들은 오래전부터 크리스마스트리를 재배해왔다. 김 신부는 지난번 수도원을 방문했을 때 수도원장과 나누던 대화를 기억했다.

"대량 생산된 플라스틱 크리스마스트리에 밀려 진짜 트리가 통 안 팔려요," 수도원장이 말했었다.

"게다가 여기 사제들의 숫자가 자꾸 줄어들고 있어요. 이제 우리 열댓 명뿐이 안 남았어요. 그중 삼분의 일이 95세 이상이지요. 얼마 안 가 이 수도원도 문을 닫게 될 것 같아요."

한국의 김 신부는 최근 마린 신부가 위독하다는 것을 뉴욕의 밥에게서 연락을 받았었다.

"마린 신부의 건강이 급속히 악화되어 가고 있어요. 고령의 수도자들이 모두 짐을 싸서 떠날 준비를 하고 있답니다." 밥은 한국 수도원의 김 신부에게 말했었다.

김 신부는 그동안 바쁘다는 핑계로 마린 신부에게 무심했던 자신을 질책했다. 그의 출생이 마린 신부와 연관이 있었고 마린 신부가 아니면 지금 그의 삶이 어떻게 되었을지조차 알 수가 없었다.

“마린 신부님, 걱정 마십시오. 한국에 있는 젊은 신부들을 이 수도원으로 보내 수도원을 재건하고 싶습니다.”

사실 김 신부는 지금 병중의 마린 신부에게 이 기쁜 소식을 전하러 한국에서 날아온 것이었다.

눈보라 속에 차는 고집스럽게 앞으로 나아가고 있었다.

수도원이 있는 뉴욕주에 사는 변호사 밥은 그동안 점점 허약하고 말이 없어져 가는 마린 신부를 여러 번 방문했었다. 수도원장은 항상 밥을 반갑게 맞아 주었고 밥과 함께 노환의 마린 신부의 곁을 지켜 주었다. 마린 신부는 말이 없었다.

어느 날 밥은 마린 신부에게 불쑥 이야기를 꺼내었다.

“마린 신부님, 그 한국 바다에서의 빅토리호의 그 기적 같은 항해를 설마 잊은 것은 아니겠지요?”

밥은 침묵하는 그에게 다시 물었다. 그러나 마린 신부는 아무 말도 하지 않았다. 밥은 포기하지 않고 빅토리호의 놀라운 항해 이야기를 꺼내며 참을성 있게 마린 신부의 반응을 기다렸다. 밥이 또 빅토리호에 관한 이야기를 꺼내려 하자 한 번은 말없이 누워 있던 마린 신부의 입술이 조금 움직였다. 밥은 얼른 귀를 바싹 가져다 댔다.

“인간이…” 마린 신부는 숨 가빠했다. 밥은 바짝 긴장했다. “할 도리를… 한 겁니다.” 마린 신부는 거기서 말을 끊었다.

“네, 인간이 할 도리를 한 것이지요.” 밥은 크고 명확한 소리로 반복했다.

마린 신부는 무엇인가 더 말하려고 잠시 입술을 움직이려다 다시 잠이 든 것 같았다.

“선장님, 마린 신부님, 그런데 그때 빅토리호가 한국 정부로부터 받은 을지무공훈장을 찾아야지요, 없어졌단 말입니다!” 밥은 마린 신부의 귀에 대고 외쳤다. 그러나 마린 신부는 대답이 없었다.

‘한국전쟁과 사라진 을지무공훈장….’

밥은 기필코 그 잃어버린 을지무공훈장을 도로 찾아서 빅토리호의 위대한 항해를 세상에 알려야 한다고 생각했다.

그러던 어느 날 밥이 다시 수도원을 방문하자 마린 신부는 밥에게 ‘당신 누구인가? 남미에서 왔나?’ 하고 퉁명스럽게 말하고는 돌아누워 버렸다. 그를 환영하지 않는다는 눈치였다.

‘왜 나를 피하는 것일까?’ 밥은 그를 정말 이해할 수 없었다.

그럴수록 밥은 마린 신부가 의식을 잃어버리기 전에 빅토리호가 한국 정부로부터 수여 받은 그 을지무공훈장을 찾아내야 한다는 결의를 굳혔다.

‘그런데 선장이던 마린 신부님이 가지고 계시던 그 을지무공훈장은 도대체 어디로 사라진 것일까?’

밥은 수도원장에게 을지무공훈장을 찾아달라고 부탁을 했다. 그러나 수도원장 역시 마린 신부의 방을 샅샅이 뒤졌지만, 을지무공훈장을 찾아내지는 못했다.

이제 밥도 70대 후반이다. 더 이상 머뭇거릴 시간이 없었다.

'빅토리호 이야기는 아마도 영원히 역사 속에 묻히게 될는지도 몰라….'

밥은 을지무공훈장을 찾고, 메러디스 빅토리호의 기적적인 항해에 대한 이야기를 세상에 알리는 것은 부선장으로서의 그의 의무라고 생각했다.

4.

거칠어진 눈발이 앞 유리창을 후려치기 시작했다.

"마린 신부님은 내가 수도원에 찾아가서 흥남 철수 당시 빅토리호의 활약상을 한국인들에게 알리고 싶다고 하면 탐탁지 않게 생각하셨어요. 인간이라면 당연히 할 도리를 했는데 뭘 그러나, 하구요." 밥은 말했다.

김 신부는 말없이 듣고만 있었다.

"혹시, 나머지 네 명의 김치아기 중 누구를 만나 본 적이 있나요?" 밥은 물었다.

"아니요, 저는 그들에 대해 전혀 알지 못합니다." 김 신부는 대답했다.

그렇다. 거제도에 도착해서 온갖 고생을 하던 피난민들은 하나

둘 다 부산으로, 서울로 살길을 찾아 흩어져 버렸다.

'흥남부두에서 배에서 내리신 나의 아버지는 북한에 살아 계실까? 만일 살아 계시다면, 매우 더 연로하실 텐데….'

김 신부는 그 생각을 털어버리기라도 하려는 듯 세차게 머리를 흔들었다. 그는 아버지 없는 아이로서 고통과 외로움의 날들을 견디어야만 했고, 반세기에 걸친 어머니의 눈물과 기도, 이산가족으로서의 쓰라린 고통이 그를 가톨릭 신부로 만들었을지도 모른다고 생각했다.

"빅토리호 선장님은 한국전쟁 후 가톨릭 신부가 된 후 일생 수도원 밖을 나오지 않았어요. 아마도 내가 상상할 수 없는 아주 높은 정신적 경지에서 사시는 분 같았어요. 옛날에도 내가 수도원을 방문할 때마다 수도원장은 마린 신부님이 기도 중이라고 말씀하시곤 했으니까요. 수도원장 역시 평생을 마린 신부님 옆에 그림자 같이 따라다녔고… 도대체 두 분이 무엇을 위해 그렇게 열심히 기도를 하시는지 모르겠어요." 밥이 말했다.

밥은 마린 신부의 무관심이 야속했다. 나중에 알고 보니 14,005명의 소중한 생명을 남쪽으로 안전하게 싣고 내려온 빅토리호가 퇴역 후 고철로 중국에 팔려 갔다는 것이었다. 밥은 그 사실이 가슴 아팠다. 기적의 메러디스 빅토리호는 마지막 기착지인 한국의 거제도에 을지무공훈장과 함께 있어야 했다.

얼마 전 밥은 한국 정부에 사라진 을지무공훈장을 다시 만들어줄 수 있는지 타진하는 편지를 썼었다. 다행히 한국 정부는 사라진 을지무공훈장을 다시 제작하여 보내 줄 것을 약속하였다. 밥은 그 기쁜 소식을 빨리 마린 신부에게 전하고 싶었다.

5.

수도원장은 몇 년 전 눈보라가 휘몰아치던 어느 크리스마스이브를 생생히 기억했다. 그날 수도원은 눈사태로 교통이 끊겼고 그와 마린 신부 단둘이었다. 마린 신부는 신부가 된 후 속세의 이야기를 한 적이 거의 없었다. 그러나 그날 사정없이 휘몰아치는 눈보라를 응시하며 창밖을 내다보던 마린 신부의 눈은 유난히 빛나고 있었다.

"그날 흥남부두에는 이렇게 눈보라가 휘날리고 있었지요…."
마린 신부는 먼 곳을 응시하며 이야기를 시작했다.

"1950년 12월, 나는 메러디스 빅토리호의 선장으로 한국의 북쪽 흥남부두를 향하고 있었지요. 피난민이 까맣게 흥남부두로 몰려들었어요. 혹독하게 추운 겨울이었어요. 제대로 옷도 입지 못한 그들은 무거운 것을 이고, 지고 있었어요. 병아리처럼 겁에 질린 아이들이 그들 옆에 붙어 있었지요. 나는 쌍안경으로 비참한 광경을 보았어요. 그들의 뒤에는 중공군이, 그들의 앞은 망망대해였지요.

해군함정으로부터 깜빡이는 불빛 신호등으로 메시지가 전달되어 왔어요. 우리에게 부두 쪽으로 와서 한국 피난민을 태워줄 수가 있겠느냐고. 저는 즉시 부두를 향해 배를 출발시켰지요. 우리는 피난민들을 배에 태우기 시작했어요. 큰 소란 없이 질서정연하게 배에 오르기 시작했어요. 우리 배는 그들을 남쪽으로 태워다 줄 마지막 배였지요.

'빨리!, 빨리!' 우리 미국 선원들은 사력을 다해 빨리, 빨리를 외치며 피난민들을 배에 태웠습니다. 이 말은 우리가 그때 한국인들에게서 배운 말이었어요, 피난민들은 모두가 빨리, 빨리를 외치며 배에 오르고 있었으니까요.

우리는 가능한 모든 공간에 피난민들을 가득가득 태웠어요. 커다란 이불이나 농짝을 짊어진 사람도 있었고 바이올린이나 재봉틀을 들고 있는 사람도 있었지요. 아이들이 수백 명이나 되었어요. 드디어 다음 날 아침까지, 우리는 최대한 1만 4천 명을 태울 수 있었어요. 7천6백 톤에 배의 정원이 60명에 지나지 않는 우리 배로서 어떻게 그렇게 많은 사람들을 태울 수 있었는지 불가능한 일이었어요.

우리는 조심조심 부산을 향해 헤쳐나갔어요. 피난민들은 우리의 지시에 잘 따랐어요. 그래서 한 명의 낙오자도 없이 항해를 할 수 있었지요. 나는 그때 위대한 한국인의 정신을 보았습니다. 물밑에는 적이 설치해 놓은 지뢰, 우리 배 바닥에는 300톤의 제트 연료가 실려 있었지요. 성냥 하나만 그으면 배는 삽시간에 화장터로 변하는 것이지요. 정말 위험한 항해였어요.

그런데 배에서 아기들이 태어나기 시작했습니다. 누울 공간이 없어 심지어 서서 아이를 낳는 부인까지 있었어요. 모든 것이 참담했습니다. 이들을 돌보던 우리 미국 선원들은 아기들의 이름을 우리가 알던 유일한 한국말인 '김치'라고 지어 주었어요. 첫 번째 빅토리호에서 태어난 아이를 '김치1', 둘째가 '김치2', 그리고 마지막으로 다섯 번째로 태어난 아이의 이름은 '김치5'였습니다.

나는 빅토리호 갑판 위에서 이 모든 일들을 지켜보며 서 있었습니다. 항해 마지막 날 내 머리에 별안간 이런 생각이 스쳐 갔습니다. '오늘이 바로 크리스마스가 아닌가?'

배에서 태어난 다섯 아기를 포함해 모두 14,005명을 실은 빅토리호는 고난에 찬 3일간의 항해 끝에 크리스마스 날 거제도에 도착했지요. 어떻게 한 생명도 잃지 않고 그 끝없는 위험을 극복할 수 있었는지 기적 같은 일이었지요.

피난민들이 안전하게 빅토리호를 떠나자 나는 이 생명의 항해를 지켜 주신 신께 감사의 기도를 올렸습니다. 황량하고 차가운 한국의 바다 위에 하느님의 손길이 빅토리호의 키를 잡고 있었다는 명확하고도 틀림없는 메시지가 내게 와 있었어요. 한국전쟁이 끝나자 나는 바다를 떠났습니다. 나는 하느님의 길을 따르기로 한 것입니다."

말을 마친 마린 신부는 휘몰아치는 눈발에 시선을 고정시키며 움직일 줄을 몰랐다. 한참 후 수도원장이 침묵을 깨고 말했다.

"저 역시 동생이 한국전쟁에 참전했다 그만 행방불명되었어요. 난 내 동생과 8천여 명의 미군 실종자들이 언젠가 살아서 돌아올 날을… 아직도 기다리고 있어요." 수도원장은 말을 계속하지 못했다. 그들은 눈을 감았다. 눈보라가 거세게 창문을 후려치고 있었다.

"전쟁은 슬픔입니다. 그러나 실종자들은 언젠가는 고향으로 돌아올 것입니다."

마린 신부는 수도원장의 어깨에 손을 얹으며 위로했다.

"정말, 그런 일이 있을 수 있다면…."

수도원장은 뜨거운 숨을 내쉬며 말했다.

"희망을 가지세요. 그리고 한국의 평화통일을 위해 기도하세요."

마린 신부는 조용히 제단 앞으로 걸어가 무릎을 꿇었다. 잠시 후 수도원장도 마린 신부의 곁에 무릎을 꿇었다.

"슬픔이 있는 곳에 기쁨이, 전쟁이 있는 곳에 평화가, 용서와 화해가 강을 이루고…."

나직하게 수도원을 울려 퍼지는 두 사람의 기도 소리 너머로 하얀 눈이 쉴 새 없이 쌓이고 있었다.

6.

이제 주위에는 차가 한 대도 보이지 않았다. 휘몰아치는 눈보라 속에 인근 마을의 불빛이 난파선처럼 흔들리고 있었다.

"빅토리호의 선원들이 옷과 담요 등을 피난민들에게 나누어 주었지요." 밥이 약간 고조된 목소리로 김 신부에게 말했다.

"그랬었군요, 정말 고마운 일입니다." 김 신부가 고개를 끄덕였다.

“지독하게 춥군요.” 밥은 몸을 떨었다.

차는 더 이상 앞으로 나갈 수 없었다. 차를 멈추고 밥은 눈보라가 휘몰아치는 허공을 응시했다. 그리고 눈을 감았다. 마린 신부님께 무슨 일이 벌어진 것 같았다. 1950년 차디찬 한국의 바다에서 느낀 절망감이 온몸을 휩쌌다. 그 깊디깊은 심연 속에서 눈보라를 헤치고 홀연히 한 척의 배가 나타났다.

‘빅토리호!’

밥은 뚫어질 듯 어둠 속을 응시했다. 피난민의 환호 속에서 배는 어둠 속에서도 환히 빛나고 있었다.

“출발이다! 닻을 올려라!”

배는 두둥실 공중으로 떠오르더니 눈보라를 헤치고 천천히 앞으로 나아가기 시작했다. 그 갑판 위에서 마린 신부가 밝게 미소 짓고 있었다.

국제PEN한국본부
창립70주년기념 산문선집 03

성전 수리공

발행일 2023년 6월 15일

지은이 전경애

발행인 강병욱
발행처 도서출판 교음사

03147 서울 종로구 삼일대로 457 수운회관 1308호
Tel (02) 737—7081, 739—7879(Fax)
e—mail : gyoeum@daum.net
등록 / 제2007—000052호

* 잘못된 책은 바꿔 드립니다. 값 13,000원

ISBN 978-89-7814-929-7 03810